Die 12 Wurzeln eines erfüllten Lebens

Entwürfe für die Zukunft – Band 33

Kontakt: www.HarryEilenstein.de
Harry.Eilenstein@web.de
Harry Eilenstein bei youtube

Verlag: BoD · Books on Demand GmbH, Überseering 33, 22297 Hamburg, bod@bod.de
Druck: Libri Plureos GmbH, Friedensallee 273, 22763 Hamburg

ISBN: 978-3-8192-0972-7

Inhaltsübersicht

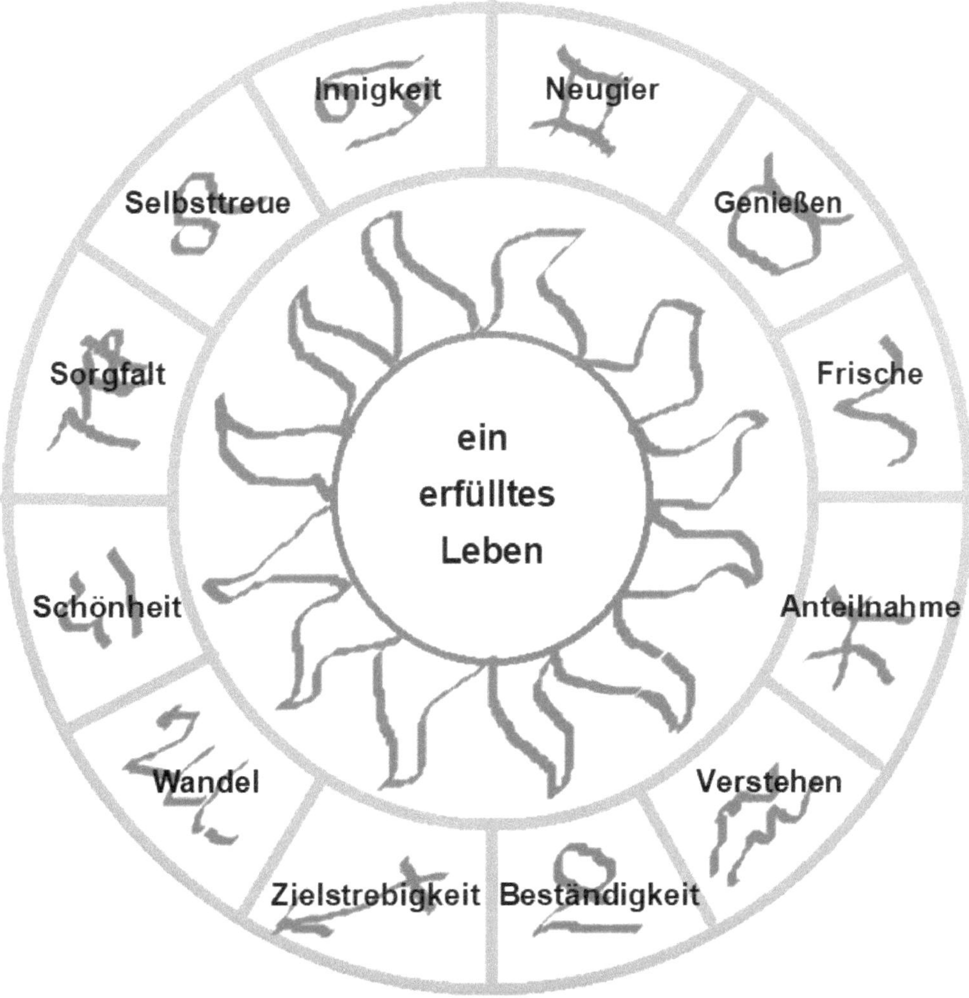

Warum 12?

Alle Bücher dieser Reihe haben genau 12 Kapitel – was sich ja auch in den Titeln dieser Bücher widerspiegelt. Warum?

In diesen Büchern wird der Tierkreis als Matrix von 12 verschiedenen Sichtweisen auf die Welt verwendet, um das Thema des Buches möglichst umfassend in 12 Kapiteln zu betrachten. Dadurch wird eine ausgewogenere, umfassendere und tiefere Einsicht in das jeweilige Thema erlangt als es ohne ein solches Raster, ohne eine solche Matrix möglich wäre.

Der Tierkreis wird in dieser Buch-Reihe als Forschungs-Hilfsmittel benutzt, durch das die Einseitigkeiten in der Betrachtung zumindest vermindert werden können. Weiterhin werden durch dieses Vorgehen diese 12 Sichtweisen auch als Ergänzungen zueinander, als organische Teile eines Ganzen deutlich.

Die Inspiration zu diesem Vorgehen stammt aus Hermann Hesses Roman „Das Glasperlenspiel“, für das er 1946 den Literatur-Nobelpreis erhielt. In diesem Roman beschreibt er die öffentlichen Darstellungen von Übersichten und Gesamtbetrachtungen, die mithilfe von verschiedenen allgemeinen Strukturen wie z.B. dem Ba Gua aus dem chinesischen Feng-Shui angefertigt und aufgeführt werden.

Diese Buch-Reihe ist ein Versuch, Hesse‘s Idee im ganz Kleinen konkret zu verwirklichen.

Die Blickwinkel der 12 Tierkreiszeichen sind:

♈	Widder:	Spontaner
♉	Stier:	Genießer
♊	Zwilling:	Neugieriger
♋	Krebs:	Familienmensch
♌	Löwe:	Egozentriker
♍	Jungfrau:	Handwerker
♎	Waage:	Schöngeist
♏	Skorpion:	Tiefgründiger
♐	Schütze:	Idealist
♑	Steinbock:	Realist
♒	Wassermann:	Theoretiker
♓	Fische:	Träumer

1. Frische

♈

Die erste Gabe, die hilft, ein erfülltes Leben zu führen, ist die Direktheit in der Begegnung mit Menschen, Tiere, Pflanzen und Dingen. Durch diese Unbekümmertheit kann man die Dinge weitgehend so wahrnehmen wie sie sind – man fügt noch nichts zu der eigenen Wahrnehmung hinzu und lässt auch nichts fort. Diese Gabe ist sozusagen die Friedenszeiten-Version des Mutes. Sie hilft, den Dingen wie ein kleines Kind naïv und spielend zu begegnen.

Der Lebensbereich, in dem diese Gabe gebraucht wird, ist das Hier und Jetzt, also die Situation, in der man gerade ist. Diese Gabe entfaltet sich in der Begegnung mit dem Neuen und Unbekannten und sie ermöglicht es, in jeder Lage entscheidungsfähig und handlungsfähig zu bleiben.

Wenn man diese Gabe hat, wird man zu einem „spontanen Taoisten". Dann wird man die Welt aus dem Blickwinkel der Neuschöpfung betrachten und in jedem Augenblick den eigenen Tanz tanzen können.

Diese Widder-Gabe der frischen Direktheit macht es einfach, die Dinge einfach mal anzupacken und etwas zu gründen oder zu verändern. Sie sind die stürmischen Gründer bei der Entwicklung eines funktionsfähigen und lebensförderlichen globalen Weltbildes. Sie warten nicht, bis ein anderer mit etwas Sinnvolles beginnt und machen dann mit, sondern sie sehen selber etwas und tun etwas. Sie sind alles andere als Mitläufer. Sie folgen stets dem Spruch „Wann, wenn nicht jetzt? Wer, wenn nicht ich?"

Im Bereich der Lebenskraft und der Spiritualität betont der Widder – wie in allen anderen Lebensbereichen auch – das „Sei jetzt hier". Sein wichtigster Helfer ist sein großer Mut.

Bei einem Zuviel von dieser Widder-Gabe oder durch die einseitige und ständige Anwendung nur dieser einen Gabe wird diese spontane Frische jedoch zu tollpatschiger Unbedachtsamkeit.

Hier kann ein wenig Ausgleich helfen: Die Widder-Gabe der spontanen Direktheit und die Waage-Gabe des abwägenden Entgegenkommens sind Ergänzungs-Gegensätze. Folglich sind das impulsive „aus dem Augenblick heraus Handeln" des Widders und das Miteinander-Reden der Waage als Paar kreativer als einzeln.

Mit welcher Lebensweise wird man glücklich, wenn man von der Direktheits-Gabe des Widders geprägt ist? Man braucht die Freiheit, in jedem Augenblick völlig ungebunden entscheiden zu können, was man tut.

Wie sieht ein von diesem Mut erfülltes Leben aus? Abenteuerlich – und voller unerwarteter, spontaner Wendungen, die man nicht so sehr als Gefahr, sondern als erfrischend und belebend empfindet.

Welche Schwierigkeiten kann man beim Erreichen dieses Zieles der Ungebundenheit haben? Man könnte zu viele Menschen vor den Kopf stoßen und hin und wieder auch mal zu spontan und unbedacht sein, sodass man mit aller Kraft in die falsche Richtung rennt.

Was könnte die Lösung dafür sein? Nun – der gerade Weg führt zwar meistens mit dem Kopf durch die Wand … aber sich seiner selber und seiner Entscheidungen bei allem, was man tut, ganz klar bewusst zu sein, hat noch niemandem geschadet.

Im Tarot wird diese Fähigkeit des Widders durch die Karte „Magier" dargestellt, der die Initiative, aber auch die Bewusstheit und die klare Absicht darstellt. Das „As der Stäbe" stellt die Kraft an sich dar und der „Bube der Stäbe" den Beginn von neuen Handlungen.

Im I Ging finden sich zwei Sprüche, die diese Haltung beschreiben:

„Das Schöpferische bringt großen Erfolg."

„Schwierigkeiten am Anfang – großer Erfolg."

In der Astrologie ist der Mars, der der Gott der Taten und des Kampfes ist, mit diesem Widder-Lebensstil verwandt.

Berühmte „Doppel-Widder" (Sonnenzeichen und Aszendent sind Widder) sind u.a.: Helmut Kohl (Bundeskanzler), Joschka Fischer (Außenminister), Heath Ledger (Schauspieler), Anthony Fokker (Flugzeugkonstrukteur), Johann Sebastian Bach (Komponist) und Samantha Fox (Sängerin).

Die Weisheit des Widder-Stils lautet: **„Tue es jetzt!"**

- - -

Munter springt der Widder auf,
singt und hüpft den Hang hinauf;
lärmt und lacht – stets wild, nie sacht,
tollt und tanzt in seinem Lauf.

Er ist der, der alles beginnt,
er ist der, der Dinge ersinnt;
der erschafft, das Feuer entfacht,
und der dann aus Spaß gewinnt.

Vieles bringt ihn voll in Wut,
Er entfacht den Zorn zur Glut;
ohne Pfad – beginnt die Tat:
macht das Neue voller Mut.

- - -

(Die hier von mir gewählte Strophen- und Reimform ist von J.R.R. Tolkien erschaffen worden, um in seinen Romanen „Der Hobbit“ und „Herr der Ringe“ die Form und die Stimmung der altgermanischen Dichtung in etwa wiedergeben zu können.)

2. Genießen

♉

Die zweite Gabe, die hilft, ein erfülltes Leben zu führen, ist das Sammeln, Bewahren, Hüten und Genießen. Dadurch hat man stets die Dinge um sich und die Dinge zur Hand, die einem gut tun. Man schafft sich das bestmögliche Biotop. Das, was gut und wahr und richtig ist, erkennt man mit dieser Grundhaltung daran, dass man es von Herzen genießen kann.

Der Lebensbereich, in dem diese Gabe gebraucht wird, ist der Besitz: der eigene Leib, die Gesundheit, die Körperpflege, die Kleidung, die Möbel, die Wohnung, das Haus, der Wohnort, das Bankkonto. Diese Gabe entfaltet sich in der Begegnung mit dem Abstoßenden und mit dem Anziehenden und sie ermöglicht es, das Bekömmliche aufzunehmen und zu horten und alles andere fernzuhalten. Dadurch verdirbt man sich nie den Magen.

Wenn man diese Gabe hat, wird man zu einem „gemütlichen Hedonisten“. Dann wird man die Welt aus dem Blickwinkel der Leckerbissen betrachten und stets einen Kuchen im Kühlschrank haben. Lieber weniger Arbeit und weniger Geld – aber dafür viel Zeit.

Diese Stier-Gabe des Beschützens des Angenehmen macht es einfach, die Notwendigkeit des Beendens der Umweltverschmutzung einzusehen und dies auch zu fördern. Sie sind die sorgsamen Bewahrer der Erde bei der kollektiven Entwicklung eines funktionsfähigen und lebensförderlichen globalen Weltbildes und eines diesem Weltbild entsprechenden Verhaltens. Sie fördern den Umweltschutz und tun etwas gegen die Klimaerwärmung und gegen das Artensterben, da sie ihr Genießen nicht gefährden wollen.

Im Bereich der Lebenskraft und der Spiritualität kümmert sich der Stier vor allem um die Heilung. Sein wichtigster Helfer ist der Schutz seines eigenen Bereichs.

Bei einem Zuviel von dieser Stier-Gabe oder durch die einseitige und ständige Anwendung nur dieser einen Gabe wird diese Genussfähigkeit jedoch zur Genußsucht und zur Völlerei.

Hier kann ein wenig Ausgleich helfen: Die Stier-Gabe des Aufnehmens des Genußvollen und die Skorpion-Gabe des Abstoßens des Unangenehmen sind Ergänzungs-Gegensätze. Folglich sind die Nahrungsaufnahme des Stiers und die Nahrungsausscheidung des Skorpions als Paar kreativer als einzeln.

Mit welcher Lebensweise wird man glücklich, wenn man von der Genießer-Gabe des Stiers geprägt ist? Man sammelt das Gute und hält das Schlechte fern. So einfach ist das.

Wie sieht ein von diesem Sammeln und Beschützen und von diesem Streben nach Behaglichkeit erfülltes Leben aus? Es besteht aus Arbeit für das Angenehme und aus dem gemeinsamen Genießen dieses Angenehmen zusammen mit Freunden und Verwandten.

Welche Schwierigkeiten kann man beim Erreichen dieses Zieles des Gedeihens haben? Zu viele Fülle, Genußsucht, Gier oder auch Trägheit und Übergewicht – aber das muss ja nicht zwangsläufig so sein.

Was könnte die Lösung dafür sein? Der zweite Satz im Orakel von Delphi nach dem berühmten „Erkenne Dich selbst" lautet „Nichts im Übermaß". Dieses Erkennen und Einhalten des rechten Maßes in allen Dingen führt zum Erblühen der Genießer-Gabe.

Im Tarot wird diese Fähigkeit des Stiers durch die Karte „Mäßigkeit" dargestellt, dessen englischer Name „temperance" besser mit „das rechte Maß" übersetzt werden sollte. Die „Herrscherin" verkörpert das Gedeihen und auch die Erdgöttin, die das Ziel bzw. das Urbild dieser Fähigkeit sind. Die „Drei der Kelche" und die „Vier der Stäbe" betonen den Aspekt des Feierns und Genießens.

Im I Ging finden sich drei Sprüche, die diese Haltung beschreiben:

> *„Es ist von Nutzen, das Land aufzubauen."*
>
> *„Der überlegene Mann genießt Speise und Trank."*
>
> *„Der überlegene Mann ist maßvoll im Essen und Trinken."*

In der Astrologie ist die Venus, die die Göttin der Liebe und der Schönheit ist, mit diesem Stier-Lebensstil verwandt.

Berühmte „Doppel-Stiere" sind u.a.: Steve Winwood (Musiker), David Beckham (Fußballer), Immanuel Kant (Philosoph), Gary Cooper (Schauspieler), George Lucas (Regisseur), Ulysses Grant (US-Präsident), Ho Chi Minh (nordvietnamesischer Politiker), Karl Barth (Theologe), Barbara Streisand (Sängerin, Schauspielerin) und Cate Blanchett (Schauspielerin).

Die Weisheit des Stier-Stils lautet: **„Pflegen bringt Segen."**

Kommt zu uns, wir essen Kuchen
an den Tischen unter Buchen;
trinkt am Stein den weißen Wein,
Freunde braucht ihr nicht zu suchen.

Schützt den Garten mit dem Zaun,
pflegt die Blumen, hegt den Baum:
unser Platz ist unser Schatz,
das ist unser Lebensraum.

Leben wollen wir bewahren,
Vögel, Tiere – alle Scharen;
lasst uns Blüten schützen, hüten,
jetzt und auch in vielen Jahren.

3. Neugier

♊

Die dritte Gabe, die hilft, ein erfülltes Leben zu führen, ist die Neugier, die hinter jede Ecke schaut und die jedes Wort ein paarmal umdreht, um zu sehen, was man noch damit machen könnte. Man entdeckt, wie abwechslungsreich die Welt und das Leben sein können. Dieser sehr bewegliche Blick und diese rasche Auffassungsgabe führen auch zu einer gewissen Pfiffigkeit in dem, was man macht und wie man es macht.

Der Lebensbereich, in dem diese Gabe gebraucht wird, ist das Erkunden der Vielfalt der Möglichkeiten, der Kontakte, der Wege und der Ansichten. Diese Gabe entfaltet sich in der Begegnung mit dem Neuen und Unbekannten und sie ermöglicht es, dem Interessanten zu folgen und das Langweilige nicht weiter zu beachten. Daher wird man auch nie um einen amüsanten Kommentar verlegen sein.

Wenn man diese Gabe hat, wird man zu einem „fröhlichen Hüpfer“. Dann wird man die Welt aus dem Blickwinkel der neuesten Neuigkeiten betrachten und stets auch ein paar neue Reiseziele parat haben.

Diese Zwillings-Gabe des Einfallsreichtums macht es leicht, nach neuen Technologien zu suchen, die das Leben einfacher machen und die die aktuellen Schwierigkeiten teilweise lösen können. Sie sind die einfallsreichen Pfadfinder bei der Entwicklung eines funktionsfähigen und lebensförderlichen globalen Weltbildes.

Im Bereich der Lebenskraft und der Spiritualität hat der Zwilling wie überall keine vorgefertigte Meinung, sondern probiert die Dinge ganz offen einfach mal aus und schaut, was welche Wirkung hat. Sein wichtigster Helfer ist seine Beweglichkeit.

Bei einem Zuviel von dieser Zwillings-Gabe oder durch die einseitige und ständige Anwendung nur dieser einen Gabe wird diese Neugier jedoch zur ruhelosen Unstetigkeit.

Hier kann ein wenig Ausgleich helfen: Die Zwillings-Gabe der Orientierung in der Vielfalt und die Schütze-Gabe des Ausrichtens auf ein einziges Ziel sind Ergänzungs-Gegensätze. Folglich sind der Rundumblick des Zwillings und die Zielfixierung des Schützen als Paar kreativer als einzeln.

Mit welcher Lebensweise wird man glücklich, wenn man von der Beweglichkeits-Gabe des Zwillings geprägt ist? Man braucht eine Vielfalt von Erlebnissen und genügend Abwechslung in der täglichen Routine.

Wie sieht ein von dieser Umtriebigkeit erfülltes Leben aus? Bunt – wie sonst?

Welche Schwierigkeiten kann man beim Erreichen dieses Zieles der Begegnungs-Vielfalt haben? Flatterhaftigkeit kann ein Problem sein, auch das nicht-beenden-Können der Dinge, die man tut, oder auch das sich-Verzetteln.

Was könnte die Lösung dafür sein? Das ist auch hier die Wachheit, die Bewusstheit, die hilft, nichts Übereiltes zu tun und die die möglichen Folgen der eigenen Neugier abschätzen kann.

Im Tarot wird diese Fähigkeit des Zwillings durch die Karte „Narr" dargestellt, die die Bereitschaft verkörpert, sich Neues und Fremdes anzuschauen, auch wenn man noch gar nichts über dieses Neue weiß. Das „As der Schwerter" betont hingegen allgemein die Wachheit und der „Bube der Schwerter" die rasche Auffassungsgabe und die Bereitschaft, Dinge auszuprobieren.

Im I Ging findet sich ein Spruch, die diese Haltung beschreibt:

„Die Rede des überlegenen Mannes sollte gehaltvoll sein."

In der Astrologie ist der Merkur, der der Gott des Denkens und der Neugier ist, mit diesem Zwillings-Lebensstil verwandt.

Berühmte „Doppel-Zwillinge" sind u.a.: Dietrich Fischer-Dieskau (Opernsänger), Rahul Gandhi (Politiker), Henry Kissinger (US-Außenmister), Richard Wagner (Komponist), Jacques Offenbach (Komponist), Dante Alighieri (Autor), Theo Lingen (Schauspieler) und Steffi Graf (Tennisspielerin).

Die Weisheit des Zwillings-Stils lautet: **„Die Welt ist bunt …"**

\- - -

Wir werden Nützlich-Neues finden,
wir werden Tat um Tat verbinden;
Ideen wecken, Rat entdecken,
und sie zu Lösungen verwinden.

Warum die alten Straßen gehen?
Wo nur die alten Mauern stehen?
Neue Wege, neue Stege –
wir woll'n den Pfad zur Zukunft sehen!

Das Handwerk, Technik – alles Wissen,
wir finden das, was wir vermissen:
mit Geschick, mit klarem Blick,
werden wir die Segel hissen!

4. Innigkeit

♋

Die vierte Gabe, die hilft, ein erfülltes Leben zu führen, ist die Tiefe des Empfindens und Fühlens. Dadurch erkennt man die Dinge von innen her, es entsteht ein inneres Bild von den Dingen und man erkennt, womit man verwandt ist und womit nicht. Aus dieser Haltung ergibt sich eine Innigkeit des Kontaktes, der Nähe und des Erlebens.

Der Lebensbereich, in dem diese Gabe gebraucht wird, ist die Familie, die Sippe und die Heimat. Diese Gabe entfaltet sich in der Begegnung mit dem Fremden und mit dem Verwandten und sie ermöglicht es, aus dem Verwandten einen „warmen inneren Kreis" zu erschaffen und das Fremde in dem kalten Draußen stehen zu lassen. Dadurch wird man nie einsam.

Wenn man diese Gabe hat, wird man zu einem „gefühlsbetonten Gemütsmenschen". Dann wird man die Welt aus dem Blickwinkel der Innigkeit betrachten und immer für ein wenig mehr Wärme und Geborgenheit bereit sein.

Diese Krebs-Gabe des Spürens der Lebenskraft macht es einfach, im Gesundheitswesen ganzheitliche Heilungsweisen zu befürworten, die u.a. auch das soziale Umfeld, die Psyche und die Lebenskraft berücksichtigen. Sie sind die einfühlsamen Heiler bei der Entwicklung eines funktionsfähigen und lebensförderlichen globalen Weltbildes.

Im Bereich der Spiritualität sieht der Krebs die Lebenskraft in allem und die Muttergöttin als die beiden wichtigsten Dinge an. Sein wichtigster Helfer ist seine Mutter. Er fördert die Massage, die Akupunktur, das Reiki, das energetische Feng Shui und ähnliche Methoden.

Bei einem Zuviel von dieser Krebs-Gabe oder durch die einseitige und ständige Anwendung nur dieser einen Gabe kann diese Innigkeit jedoch zur lästigen Bemutterung und zu einem Festklammern werden.

Hier kann ein wenig Ausgleich helfen: Die Krebs-Gabe des Schutzes des Innen und die Steinbock-Gabe des Schutzes des Außen sind Ergänzungs-Gegensätze. Folglich sind das Leben im Innen des Krebses und das Leben im Außen des Steinbocks als Paar kreativer als einzeln.

Mit welcher Lebensweise wird man glücklich, wenn man von der Empfindsamkeits-

Gabe des Krebses geprägt ist? Man braucht einen Kreis von Verwandten und engen Freunden rings um sich und will alle in diesem Nest gedeihen lassen und behüten.

Wie sieht ein von dieser Weichheit erfülltes Leben aus? Voller Nähe und Geborgenheit und Anteilnahme ...

Welche Schwierigkeiten kann man beim Erreichen dieses Zieles der behüteten Empfindsamkeit haben? Möglicherweise kapselt man sich gegen das Außen ab, möglicherweise fürchtet man alles Fremde, vielleicht wird man überbehütend und zu sehr bemutternd …

Was könnte die Lösung dafür sein? Man kann auch die anderen als Wesen sehen, die ein Innen haben, das sie beschützen, und dass es immer wieder Situationen geben kann, in denen man sich auch dem völlig Fremden vertrauensvoll öffnen kann. Auch die Zuversicht, dass man sich im Notfall immer selber schützen kann, ist hilfreich.

Im Tarot wird diese Fähigkeit des Krebses durch die Karte „Königin der Kelche“ dargestellt, die die Fülle der Gefühle und den intuitiven Umgang mit ihnen repräsentiert. Das „As der Kelche“ ist die Essenz und die Quelle aller Gefühle und die „Zehn der Kelche“ ist die glückliche Familie, die der Lebensinhalt des Krebses ist.

Im I Ging finden sich vier Sprüche, die diese Haltung beschreiben:

„Der überlegene Mann übt seine Erziehungspflicht aus.“

„Ein Mädchen zu heiraten bringt Glück.“

„Er trinkt den Wein voller Vertrauen – kein Tadel.“

„Bist Du ohne Berechnung aufrichtig und gütig, so bringt das großes Glück. Die Menschen werden Deinem gütigen Wesen trauen.“

In der Astrologie ist der Mond, die die Göttin des Gemüts und der Lebenskraft sowie das Urbild der Mutter ist, mit diesem Krebs-Lebensstil verwandt.

Berühmte „Doppel-Krebse“ sind u.a.: Peter Weller (Schauspieler), Henry Rider Haggard (Schriftsteller), Gustav Knuth (Schriftsteller), Ross Perot (US-Politiker), Franz Alt (Journalist), Alfred Biolek (Showmaster) und Miraya Vadra Gandhi (Tochter der Politikerin Priyanka Gandhi).

Die Weisheit des Krebs-Stils lautet: **„Seelen-Wärme heilt alle Wunden.“**

- - -

All die Wärme ist hier innen,
tanzen, über Träume sinnen;
Kinder führen, Liebe spüren,
Sieh! Das Leben kann beginnen.

Das ist unser neues Nest,
unser Schutz – sehr stark und fest;
unser Heim, nie mehr allein,
Mutter, die uns nie verlässt.

Mit dem Chi den Kranken heilen,
im Gespräch mit ihm verweilen;
Nöte lindern, Ängste mindern,
und die Hoffnung mit ihm teilen.

5. Selbsttreue

♌

Die fünfte Gabe, die hilft, ein erfülltes Leben zu führen, ist die Zentrierung auf die eigene Mitte. Das ist die Wurzel der Aufrichtigkeit, der Eigenständigkeit, des Selbstausdrucks, der Selbstverwirklichung und der Selbsttreue. Durch diese Gabe gelangt man zu dem „von sich selber erfüllt sein" und beginnt zu strahlen wie eine Sonne.

Der Lebensbereich, in dem diese Gabe gebraucht wird, ist das Streben nach Selbsterkenntnis und Selbstausdruck und daher auch alle Formen der Therapie und der Meditation. Diese Gabe entfaltet sich in der Begegnung mit dem, was zu einem gehört, und mit dem, was nicht zu einem gehört. Sie ermöglicht es, das Eigene zu einem strahlenden Ich zu verschmelzen, und sich um das, was nicht zu einem selber gehört, nicht groß zu kümmern. Dadurch wird man nie von sich selber entfremdet.

Wenn man diese Gabe hat, wird man zu einem „strahlenden König". Dann wird man die Welt aus dem Blickwinkel der eigenen Mitte betrachten und sich über jede Art der Selbsterkenntnis freuen. Diese Selbsterkenntnis und die sich aus ihr ergebende Selbsttreue ist für den Löwen auch das Fundament jeglicher Weiterentwicklung der Menschheit als Ganzer.

Diese Löwe-Gabe der Selbstzentriertheit lässt es als vollkommen selbstverständlich erscheinen, dass die verschiedensten Methoden der Selbsterkenntnis, Selbstheilung und der Förderung der Selbsttreue für jeden kostenfrei zur Verfügung stehen müssen. Diese Menschen sind die vielseitigen Therapeuten bei der Entwicklung eines funktionsfähigen und lebensförderlichen globalen Weltbildes.

Im Bereich der Lebenskraft und der Spiritualität ist für den Löwen das Kennenlernen der eigenen Seele und anschließend das Leben aus seiner eigenen Seele heraus das Wichtigste. Folglich ist seine Seele auch sein wichtigster Helfer.

Bei einem Zuviel von dieser Löwe-Gabe oder durch die einseitige und ständige Anwendung nur dieser einen Gabe wird diese Selbstzentriertheit jedoch zu einer platten Egozentrik.

Hier kann ein wenig Ausgleich helfen: Die Löwe-Gabe der Hervorhebung des Besonderen an ihm selber und die Wassermann-Gabe der Hervorhebung des Allgemeingültigen bei allen sind Ergänzungs-Gegensätze. Folglich sind die Kenntnis der individuellen Ausformung des Löwen und die Kenntnis des allgemeinen Prinzips des

Wassermanns als Paar kreativer als einzeln.

Mit welcher Lebensweise wird man glücklich, wenn man von der Selbstvertrauens-Gabe des Löwen geprägt ist? Man will eigenständig und selbstbestimmt das eigene Leben führen und gestalten.

Wie sieht ein von dieser Selbstliebe erfülltes Leben aus? Man fördert das, was man selber im Innersten ist – und man fördert das Erkennen dieses Samenkorns des eigenen wahren Wesens im Herzchakra, also die eigene Seele, auch bei allen anderen.

Welche Schwierigkeiten kann man beim Erreichen dieses Zieles der Selbstbezogenheit haben? Man könnte auf eine niveaulose Weise egoistisch werden, sich selber überschätzen, sich selber für das Maß aller Dinge halten und dergleichen mehr. Auch Angeberei und Schüchternheit und ebenso – wenn das rechte Maß ganz verloren gegangen sein sollte – Größenwahn und Minderwertigkeitskomplexe sind möglich.

Was könnte die Lösung dafür sein? Das Sicherste ist das Kennenlernen der eigenen Seele, da sie die eigene Essenz ist – die Eichel, aus der heraus man zur Eiche geworden ist. Durch dieses Erlebnis weiß man, wer man ist – dadurch fällt es einem dann leichter, sich selber treu zu sein und auch unabhängig von den Meinungen und Lebensweisen der anderen zu werden.

Im Tarot wird diese Fähigkeit des Löwen zunächst durch die Karte „Hängender“ dargestellt, die die Selbstsuche symbolisiert; dann durch die „Sonne“, die die Selbstfindung verkörpert; und schließlich durch die „Kraft“, die den erfolgreichen Selbstausdruck repräsentiert.

Im I Ging finden sich fünf Sprüche, die diese Haltung beschreiben:

> *„Der überlegene Mann sinnt über sich selber nach voller Furcht und Umsicht.“*
>
> *„Der überlegene Mann prüft sich noch einmal und vervollkommnet sein Wesen.“*
>
> *„Den Mittelweg nehmen. Kein Tadel.“*
>
> *„Die Sonne steigt über der Erde auf: ein Symbol des Fortschritts.“*
>
> *„Das Heer erfordert Ausdauer und einen starken Mann.“*

In der Astrologie ist die Sonne, die die Göttin der Mitte und des Strahlens ist, mit diesem Löwe-Lebensstil verwandt.

Berühmte „Doppel-Löwen“ sind u.a.: Ian Anderson (Musiker), Sri Aurobindo (Yogi), Max Heindel (Autor), Jürgen Klinsmann (Fußball-Trainer), Karlheinz Stockhausen (Komponist), Paul Claudel (Dichter), Robert Graves (Autor) und Rani Nanjappa (Malerin).

Die Weisheit des Löwe-Stils lautet: **„Ich bin ich.“**

\- - -

Selbsterkenntnis, Selbstvertrauen –
darauf kann ich wirklich bauen.
Was ich wähle? Meine Seele!
Ihr kann ich mich anvertrauen.

Seele – Same meines Wesens,
Quelle meines ganzen Lebens:
Eine Sonne! Voller Wonne!
Ende alles schweren Strebens!

Erwache in allen, pulsiere in allen!
Strahle in allen, scheine in allen!
Unser Ziel, unser Stil –
leuchtende Quelle in uns allen!

6. Sorgfalt

♍

Die sechste Gabe, die hilft, ein erfülltes Leben zu führen, ist der Blick aufs Detail. Dadurch kann man verstehen, wie die Dinge funktionieren, wie sie zusammengehören, wie sie aufgebaut sind, und auch, wie sie blockiert oder repariert, sowie verletzt oder geheilt werden können. Diese Sachkenntnis führt zu einem effektiven und wirkungsvollen Handeln.

Der Lebensbereich, in dem diese Gabe gebraucht wird, ist die Arbeit, das Handwerk, die Alltagsbewältigung, die sorgfältige Planung, ein großer Teil des Managements und natürlich auch in dem anspruchsvollsten und verantwortungsreichsten Manager-Beruf von allen: Mutter und Hausfrau. Diese Gabe entfaltet sich in der Begegnung mit der Ordnung und mit der Unordnung und sie ermöglicht es, Dinge zu reparieren und den Leib der Menschen zu heilen und ihre Psyche zu therapieren. Dadurch wird man auch in der verzwicktesten Lage nicht ratlos werden.

Wenn man diese Gabe hat, wird man zu einem „sorgfältigen Handwerker“. Dann wird man die Welt aus dem Blickwinkel der Machbarkeit betrachten und jedes neue Werkzeug oder Heilmittel mit großem Interesse ausprobieren. Man kann solch einen Menschen durch Kleinigkeiten verärgern und ihn auch durch Kleinigkeiten erfreuen.

Diese Jungfrau-Gabe der Systematik macht es einfach, das allgemeine „LEGO“-Bauteile-Prinzip für alle Maschinen und Geräte einzuführen, damit möglichst viele Teile wiederverwendet werden können. Sie sind die geschickten Tüftler bei der Entwicklung eines funktionsfähigen und lebensförderlichen globalen Weltbildes.

Im Bereich der Lebenskraft und der Spiritualität sind für die Jungfrau die Systeme wie die Chakren, die Akupunktur, der Lebensbaum, das Ba Gua, das Vastu Purusha, die Astrologie usw. das, was sie am meisten fasziniert und was sie für das Nützlichste hält. Ihr wichtigster Helfer ist ihre Sorgfalt.

Bei einem Zuviel von dieser Jungfrau-Gabe oder durch die einseitige und ständige Anwendung nur dieser einen Gabe wird diese Genauigkeit jedoch zur nervtötenden Pedanterie.

Hier kann ein wenig Ausgleich helfen: Die Jungfrau-Gabe des Blicks auf das Detail und die Fische-Gabe des Blicks auf das Ganze sind Ergänzungs-Gegensätze. Folglich sind das Mikroskop der Jungfrau und das Fernglas der Fische als Paar kreativer als einzeln.

Mit welcher Lebensweise wird man glücklich, wenn man von der Genauigkeits-Gabe der Jungfrau geprägt ist? Man braucht Lebensumstände, in der gerade diese Genauigkeit erforderlich und wichtig sind: Handwerk, Heilung, Therapie, Konstruktion, Statik, Prüfung und dergleichen mehr. In diesen Bereichen kann man mit dieser Gabe aufblühen.

Wie sieht ein von dieser Detailausrichtung erfülltes Leben aus? Man heilt und repariert und therapiert und prüft und konstruiert.

Welche Schwierigkeiten kann man beim Erreichen dieses Zieles der Richtigkeit haben? Das größte Problem kann die übertriebene Perfektion sein, da sie zu Formen der Arbeit und der Anstrengung führt, die keinen weiteren Nutzen mehr haben – und sie kann zu dem Gefühl des ständigen Scheiterns am eigenen Anspruch führen.

Was könnte die Lösung dafür sein? Maßhalten auch in der Genauigkeit, Bescheidenheit in der Perfektion, Gelassenheit angesichts der Unvollkommenheit fast aller Dinge, Geduld im Angesicht des Chaos, das fast alle anderen verbreiten …

Im Tarot wird diese Fähigkeit der Jungfrau durch die Karte „Drei der Münzen“ dargestellt – auf dem Bild dieser Karte beraten sich der Bauherr, der Architekt und der Handwerker miteinander. Auf sie folgt dann anschließend die „Acht der Münzen“, die den sorgfältigen Handwerker verkörpert, der anschließend auf der „Sieben der Münzen“ nachdenklich sein Werk betrachtet.

Im I Ging finden sich sieben Sprüche, die diese Haltung beschreiben:

> *„Der überlegene Mann schafft Ordnung aus der Unordnung.“*
>
> *„Hartnäckigkeit in kleinen Dingen ist von Nutzen.“*
>
> *„Dem rechten Weg treu zu bleiben bringt Glück.“*
>
> *„Rückkehr zum rechten Weg – wie kann man dann noch getadelt werden?“*
>
> *„Die alten Könige komponierten Musik zu Ehren der Tugend und brachten sie Gott und den Geistern ihrer Ahnen dar.“*
>
> *„Der überlegene Mann bedenkt die Gefahr und trifft Vorsichtsmaßnahmen.“*
>
> *„Der überlegene Mann unterscheidet sorgsam unter den Dingen und ordnet jedem seinen Platz zu.“*

In der Astrologie ist der Merkur, der der Gott des Denkens, des Redens und des Schreibens, aber auch der Gott des Handwerks und des Handels sowie der geschickten Diebe ist, mit diesem Jungfrau-Lebensstil verwandt.

Berühmte „Doppel-Jungfrauen“ sind u.a.: Keanu Reeves (Schauspieler), David Copperfield (Zauberkünstler), Brian Eppstein (Manager der Beatles), Peter Sellers (Schauspieler), Leonard Cohen (Musiker), Oskar Lafontaine (Politiker), John Cage (Komponist), Lauren Bacall (Schauspielerin) und Agatha Christie (Autorin).

Die Weisheit des Jungfrau-Stils lautet: **„Förderlich ist Genauigkeit.“**

- - -

Lehre mich das heilige Heilen!
Lehre mich der Weisheit Zeilen!
Deine Worte: Wissens-Horte.
Hören, um sie auch zu teilen.

Ich will ordnen, ich will pflegen,
allem Leben stets zum Segen;
Schmutz entfernen, Hilfe erlernen,
Wunde säubern, Verband anlegen.

Heilung für Gemüt und Chi,
mit Kräutern und Homöopathie;
niemand treiben, gelassen bleiben,
ja – auch in der Pandemie.

7. Schönheit

♎

Die siebte Gabe, die hilft, ein erfülltes Leben zu führen, ist der Sinn für Schönheit. Man erkennt Parallelen, Analogien, Gleichmaß, die Gestaltung aus einem Guss – eben die Harmonie. Das erschafft viele Kontakte, Austausch, Diplomatie und Frieden. Man erkennt, wie die Dinge oder wie die Menschen zusammenpassen könnten – auf eine ansprechende, stilvolle Weise.

Der Lebensbereich, in dem diese Gabe gebraucht wird, ist die Begegnung mit anderen Menschen, das Gespräch mit ihnen und schließlich die Freundschaften und die Beziehungen. Diese Gabe entfaltet sich in der Begegnung mit dem Schönen und mit dem Hässlichen und sie ermöglicht es, harmonische Beziehungsgeflechte aufzubauen. Dadurch wird man niemals um einen annehmbaren Ausgleich oder um eine gute Friedensinitiative verlegen sein.

Wenn man diese Gabe hat, wird man zu einem „humorvollen Schöngeist". Dann wird man die Welt aus dem Blickwinkel des Einklangs betrachten und stets einige beschwichtigende und friedensstiftende Worte bereit haben.

Diese Waage-Gabe der Diplomatie macht es einfach, die allgemeine konstruktive Kooperation anstelle der destruktiven Konkurrenz zwischen Käufer und Verkäufer, zwischen Mieter und Vermieter, zwischen Partei und Partei, zwischen Staat und Staat usw. zu befürworten und einzuführen. Sie sind die freundlichen Vermittler bei der Entwicklung eines funktionsfähigen und lebensförderlichen globalen Weltbildes.

Im Bereich der Lebenskraft und der Spiritualität betont die Waage vor allem die Kombination des auf der Kausalität beruhenden naturwissenschaftlichen Weltbildes und das auf den Analogien beruhenden spirituell-magisch-astrologischen Weltbildes, die zusammen eine symmetrische Entfaltung ergeben, die einem Kaleidoskop oder einem Mandala gleicht. Ihr wichtigster Helfer ist ihr Schönheitssinn.

Bei einem Zuviel von dieser Waage-Gabe oder durch die einseitige und ständige Anwendung nur dieser einen Gabe wird dieses Harmoniestreben jedoch zur Rückgratlosigkeit.

Hier kann ein wenig Ausgleich helfen: Die Waage-Gabe des taktvollen Entgegenkommens und die Widder-Gabe des unbekümmerten „einfach mal raushauen" sind Ergänzungs-Gegensätze. Folglich sind der Friedensvertrag der Waage und die

Unabhängigkeitserklärung des Widders als Paar kreativer als einzeln.

Mit welcher Lebensweise wird man glücklich, wenn man von der Schöngeist-Gabe der Waage geprägt ist? Man braucht Begegnungen, Freundschaften, Frieden, Harmonie und natürlich so viel Schönheit wie möglich.

Wie sieht ein von diesem Harmoniestreben erfülltes Leben aus? Man redet, vermittelt, schafft Frieden, schreibt Gedichte, reicht den anderen die Hand, lädt zur Kooperation ein …

Welche Schwierigkeiten kann man beim Erreichen dieses Zieles der Friedlichkeit haben? Es könnte passieren, dass man keinerlei Konflikte ertragen kann und harmoniesüchtig wird und die Dinge nicht mehr so sehen kann, wie sie sind, sondern alles mit einem rosa Zuckerguss überzieht – was natürlich überhaupt nicht weiterhilft …

Was könnte die Lösung dafür sein? Man könnte sich die Vielfalt der möglichen Zustände im Leben und vor allem zwischen Menschen ansehen und dann schauen, an welcher Stelle man etwas erfolgreich verändern und dadurch mehr Harmonie herstellen könnte. Man könnte auch zu der Einsicht gelangen, dass Harmonie nur ein Zwölftel der Ziele der Menschen ausmacht und man daher mit einem Zwölftel echter Harmonie in seinem eigenen Leben schon weit gekommen ist.

Im Tarot wird diese Fähigkeit der Waage durch die Karte „Zwei der Kelche“ dargestellt, die eine liebevolle Begegnung verkörpert. Die Steigerung dieser Haltung ist die Karte „Liebende“. Aus der Einstellung der Suche nach dem Gleichgewicht und der Ausgeglichenheit heraus ergibt sich dann schließlich auch noch die „Gerechtigkeit“.

Im I Ging finden sich drei Sprüche, die diese Haltung beschreiben:

„Auf sichere und friedfertige Weise auftreten.“

„Man sollte Helfer suchen.“

„Die Auseinandersetzung vor einen großen Mann zu tragen, bringt Glück.“

In der Astrologie ist die Venus, die die Göttin der Harmonie und der Freundschaft ist, mit diesem Waage-Lebensstil verwandt.

Berühmte „Doppel-Waagen“ sind u.a.: Andreas Vollenweider (Musiker), David Cameron (britischer Premierminister), Silvio Berlusconi (italienischer Ministerpräsident), Jimmy Carter (US-Präsident), Mahatma Gandhi (indischer Freiheitskämpfer), Jesse Jackson (US-Politiker), Günther Grass (Autor), Liselotte Pulver

(Schauspielerin) und Daliah Lavi (Sängerin).

Die Weisheit des Waage-Stils lautet:
„Wenn man sich gegenseitig hilft, ist das Leben einfacher."

- - -

Forme Worte mit Wissen und Reim,
lasse niemand mit Fragen allein:
gebe Klarheit, gebe Wahrheit,
führe alle zu sich heim.

Alles findet fließend Einklang,
ohne Drängen, ohne Zwang;
ohne Norm in neue Form,
Stets mit Maß, kein Überschwang.

Schönheit ist das Maß der Dinge,
das ist das, was ich euch bringe;
Herzens-Wahlen, Herzens-Strahlen –
das ist das, wovon ich singe.

8. Wandel

♏

Die achte Gabe, die hilft, ein erfülltes Leben zu führen, ist die Fähigkeit, das Wesentliche und Wichtigste zu erfassen und sich selber zu verwandeln, andere zu Änderungen anzuregen und den eigenen Kurs zu korrigieren. Dadurch bleibt man immer auf dem bestmöglichen Kurs in einem maximal intensiven Leben.

Der Lebensbereich, in dem diese Gabe gebraucht wird, ist die Forschung, der Schutz, der Kampf, das Streben nach Intensität, die Kriminalistik, die strategische Planung, die Provokation, die Durchsetzung und ähnliches mehr. Diese Gabe entfaltet sich in der Begegnung mit dem Reizvollen und mit dem Abstoßenden und sie ermöglicht es, das, was die Welt im Innersten zusammenhält, zu ergründen und zu erleben. Dadurch wird man niemals Mangel an Lebens-Intensität haben.

Wenn man diese Gabe hat, wird man zu einem „scharfsinnigen Strategen". Dann wird man die Welt aus dem Blickwinkel des raffiniertesten Schachzugs betrachten und stets noch eine bisher verborgene Taktik in der Hinterhand haben.

Diese Skorpion-Gabe der Stressfestigkeit macht es einfach, in Krisen wie der derzeitigen Überbevölkerungen drastische Maßnahmen wie die 1-Kind-Familie als überlebensnotwendig einzusehen und durchzusetzen. Sie sind die bissigen Krisenmanager bei der Entwicklung eines funktionsfähigen und lebensförderlichen globalen Weltbildes.

Im Bereich der Lebenskraft und der Spiritualität sieht der Skorpion vor allem die Magie als Möglichkeit, die eigenen Absichten durchzusetzen. Sein wichtigster Helfer ist seine Verwandlungs-Bereitschaft.

Bei einem Zuviel von dieser Skorpion-Gabe oder durch die einseitige und ständige Anwendung nur dieser einen Gabe wird dieser Wandel zu einer ständigen Selbstüberwindung, die nur dem Erreichen von noch einem bisschen mehr Erlebnis-Intensität dient.

Hier kann ein wenig Ausgleich helfen: Die Skorpion-Gabe der Provokation und die Stier-Gabe des Abwiegelns sind Ergänzungs-Gegensätze. Folglich sind die Waffenkammer des Skorpions und die Speisekammer des Stiers als Paar kreativer als einzeln.

Mit welcher Lebensweise wird man glücklich, wenn man von der Durchsetzungskraft-Gabe des Skorpions geprägt ist? Man will sich eben durchsetzen, andere überzeugen, sie dazu bringen, das zu tun, was man selber will, man will sie verführen, man braucht die Tiefe und die Intensität.

Wie sieht ein von dieser Heftigkeit erfülltes Leben aus? Gefühlsintensiv, voller Verwandlungen, willensstark, durchsetzungsfähig, erobernd, streitend und ähnliches mehr.

Welche Schwierigkeiten kann man beim Erreichen dieses Zieles der maximalen Intensität haben? Möglicherweise brechen immer wieder Freundschaften und Beziehungen ab, vielleicht stößt man andere ein wenig zu oft vor den Kopf, vielleicht war der Tonfall etwas zu bissig, möglicherweise hat man etwas unnötig zerstört … Da gibt es viele Möglichkeiten für Schmerzen und Konflikte, die vielleicht gar nicht nötig gewesen wären und die letztlich zumindest keine erfreulichen Früchte getragen haben.

Was könnte die Lösung dafür sein? Hilfreich ist der klare Blick auf ein Ziel und evtl. auch das Maßhalten bei den eingesetzten Mitteln.

Im Tarot wird diese Fähigkeit des Skorpions durch die Karte „Hohepriesterin“ dargestellt – sie sucht nach Tiefe und Intensität. Dadurch gelangt man zum „Mond“, der die eigene Innenwelt verkörpert, also das Unterbewusstsein. Dort kann man den „Teufel“ finden, also den eigenen Schatten, der aus allem Verdrängten und vor allem aus den eigenen Traumata („psychische Krämpfe“) besteht. Doch danach kann man zum „Tod“ gelangen, der die Auflösung des Alten repräsentiert, was die Voraus-setzung für die Verwandlung zu etwas Neuem ist.

Im I Ging finden sich drei Sprüche, die diese Haltung beschreiben:

> *„Förderlich ist es, das große Wasser zu durchqueren.“*
>
> *„Der überlegene Mann stärkt sich unaufhörlich.“*
>
> *„Der überlegene Mann hält seine Waffen bereit, um dem Unerwarteten zu begegnen.“*

In der Astrologie ist der Pluto, der der Gott des Jenseits und der Verwandlung ist, mit diesem Skorpion-Lebensstil verwandt.

Berühmte „Doppel-Skorpione" sind u.a.: Friedrich Schiller (Dichter), Diego Maradona (Fußballer), Curt Goetz (Schauspieler), Sai Baba (Yogi), Grace Kelly (Schauspielerin), Grazia Patrizia (Schauspielerin), Niki de Saint Phalle (Bildhauerin), Hillary Clinton (Politikerin) und Giorgia O'Keeffe (Malerin).

Die Weisheit des Skorpion-Stils lautet:

„Krisen sind Verwandlungen zum Besseren."

- - -

Jede Krise führt zum Wandel:
Streiten! Und kein fauler Handel!
Kämpfe immer, lüge nimmer,
Sag zur Nuss nicht „Mandel"!

Es ist ein Kommen und ein Gehen,
Es ist ein Werden voller Wehen:
mit Schmerz, doch auch mit Herz –
Du kannst es spüren, kannst es sehen.

Wandel ist das Wesen der Welt,
es steigt auf, es fliegt, es fällt,
es vergeht und es verweht:
der Fluss ist, was die Form erhält.

9. Zielstrebigkeit

♐

Die neunte Gabe, die hilft, ein erfülltes Leben zu führen, ist die Begabung, in jeder Situation und bei jedem Menschen zu erkennen, wie es jetzt ist und wie es optimalerweise sein könnte. Diese Ausrichtung auf die bessere Version von dem, wie es zur Zeit ist, treibt in allem die Weiterentwicklung zum Ideal hin an.

Der Lebensbereich, in dem diese Gabe gebraucht wird, ist die Verbesserung und die Spontanhilfe wie z.B. im Beruf des Notfallarztes, des Feuerwehrmannes, des Unternehmensberaters, des Projektleiters usw. Diese Gabe entfaltet sich in der Begegnung mit dem Vollendeten und mit dem Unvollkommenen und sie ermöglicht es, Ziele zu erkennen, loszugehen und diese Ziele auch zu erreichen. Dadurch wird es einem niemals an Ideen fehlen, wie etwas noch besser wäre.

Wenn man diese Gabe hat, wird man zu einem „zielstrebigen Idealisten". Dann wird man die Welt aus dem Blickwinkel der Begeisterung für ein Ziel betrachten und wird das eigene Streben immer noch ein bisschen mehr steigern können.

Diese Schütze-Gabe der Zielstrebigkeit macht es einfach, andere Menschen für die als notwendig erkannten Bestrebungen zu begeistern. Sie sind die anfeuernden Redner bei der Entwicklung eines funktionsfähigen und lebensförderlichen globalen Weltbildes.

Im Bereich der Lebenskraft und der Spiritualität betont der Schütze vor allem die Lebendigkeit aller Wesen und Dinge. Sein wichtigster Helfer ist sein Idealismus.

Bei einem Zuviel von dieser Schütze-Gabe oder durch die einseitige und ständige Anwendung nur dieser einen Gabe wird diese Zielstrebigkeit jedoch zu einer genussunfähigen Ruhelosigkeit.

Hier kann ein wenig Ausgleich helfen: Die Schütze-Gabe der Zielausrichtung und die Zwilling-Gabe des Umherschauens sind Ergänzungs-Gegensätze. Folglich sind die Ausrichtung des Schützen und die Orientierung des Zwillings als Paar kreativer als einzeln.

Mit welcher Lebensweise wird man glücklich, wenn man von der Zielstrebigkeits-Gabe des Schützen geprägt ist? Wenn man Ziele erreicht und – was noch sehr viel wichtiger ist – wenn man immer neue Ziel hat.

Wie sieht ein von diesem Verbesserungs-Eifer erfülltes Leben aus? Man sieht ständig in allem das ungenutzte Potential, die Entwicklungsmöglichkeiten, die noch brachliegende Entfaltung – und will das natürlich selber anregen und in Gang und zur Entfaltung bringen und auch andere dazu motivieren, endlich damit anzufangen.

Welche Schwierigkeiten kann man beim Erreichen dieses Zieles der Ideal-Verwirklichung haben? Man könnte in Dauerstress kommen, man hetzt möglicherweise von Projekt zu Projekt, man kommt nie zur Ruhe und kann das Erreichte nicht wirklich genießen, weil man schon wieder die nächste Entwicklungsstufe sieht und sich fragt, wie man dorthin gelangen kann.

Was könnte die Lösung dafür sein? Die Ziele nach ihrer Wichtigkeit und nach ihrer Aktualität und sinnvollen Reihenfolge ordnen und sich dann auf die beschränken, die wirklich eine große Veränderung bewirken – und dann auch die erreichten Ziele feiern und genießen.

Im Tarot wird diese Fähigkeit des Schützen durch die Karte „Siegeswagen“ dargestellt, die dieses begeisterte und erfolgreiche Streben nach dem Ideal verkörpert. Die „Acht der Stäbe“ weist auf die dafür nötigen Taten und die „Pfeile“ des „Schützen“ hin. Der „Ritter der Stäbe“ repräsentierten dieses gesamte engagierte, kraftvolle und begeisterte Handeln.

Im I Ging finden sich zwei Sprüche, die diese Haltung beschreiben:

> *„Der überlegene Mann mehrt seine Gefolgschaft durch Güte gegenüber dem Volk.“*
>
> *„Aufrichtigkeit führt zum Erfolg.“*

In der Astrologie ist der Jupiter, der der Gott des Aufbaus und des Wohlstands ist, mit diesem Schütze-Lebensstil verwandt.

Berühmte „Doppel-Schützen“ sind u.a.: Stanley Livington (Missionar, Entdecker), Bratt Pitt (Schauspieler), Bruce Lee (Kampfsportler), Jimi Hendrix (Gitarrist), Ben Becker (Schauspieler), Rudolf Scharping (Politiker), John Kerry (US-Außenminister), Heinrich Böll (Autor), Otto Graf Lambsdoff (Politiker) und Scarett Johannsson (Schauspielerin).

Die Weisheit des Schütze-Stils lautet: **„Kein Ziel ist zu weit entfernt!“**

- - -

Das Ziel gesehen und erkannt,
den Bogen schnell gespannt:
Pfeile fliegen, Mut wird siegen –
schon ist jede Not gebannt!

Das Beste werden wir erreichen,
freundlich sind die Omen-Zeichen:
Auf zur Gipfel! Auf zum Wipfel!
Alle Sperren werden weichen!

Helles Leuchten in der Ferne:
Ziele funkeln wie die Sterne!
Halte Wacht in dunkler Nacht –
Nimm die Weisheit als Laterne.

10. Beständigkeit

♑

Die zehnte Gabe, die hilft, ein erfülltes Leben zu führen, ist die Gründlichkeit, durch die Sicherheit, Verlässlichkeit und Beständigkeit erschaffen werden. Es wird stets erst nach dem tragfähigen Fundament, nach der allgemein anerkannten Autorität und nach dem vielfach überprüften Wissen gesucht, auf dem dann langsam, aber stetig alles weitere aufgebaut wird.

Der Lebensbereich, in dem diese Gabe gebraucht wird, ist die Absicherung und Festigung, was vom Buchhalter und Beamten über den Wächter und den Statiker bis hin zum Lehrer und zum Richter reicht. Diese Gabe entfaltet sich in der Begegnung mit dem, was fest wie ein Felsen ist, und mit dem, was zerfallend wie Sand ist, und sie ermöglicht es, hohe Türme auf einem festen Fundament zu errichten. Dadurch wird es einem niemals an einem „Plan B“ fehlen.

Wenn man diese Gabe hat, wird man zu einem „zuverlässigen Realisten“. Dann wird man die Welt aus dem Blickwinkel der Dauerhaftigkeit betrachten und stets noch ein paar Notfall-Reserven zur Hand haben.

Diese Steinbock-Gabe des klaren Realismus macht es einfach, Grenzwerte zu verstehen und einzusehen und sie auch strikt zu befolgen. Sie sind die strengen Bewahrer bei der Entwicklung eines funktionsfähigen und lebensförderlichen globalen Weltbildes.

Im Bereich der Lebenskraft und der Spiritualität schaut der Steinbock in erster Linie auf die Ahnen, die Familienaufstellungen, das Karma, die Nornen und generell auf die Vorgeschichte und auf das Schicksal. Sein wichtigster Helfer ist seine Gründlichkeit.

Bei einem Zuviel von dieser Steinbock-Gabe oder durch die einseitige und ständige Anwendung nur dieser einen Gabe wird diese Beständigkeit jedoch zu einer verknöcherten Prinzipienreiterei.

Hier kann ein wenig Ausgleich helfen: Die Steinbock-Gabe der Berufs-Orientierung und die Krebs-Gabe der Familien-Orientierung sind Ergänzungs-Gegensätze. Folglich sind das Geldverdienen des Steinbocks und die Haushaltsführung des Krebses als Paar kreativer als einzeln.

Mit welcher Lebensweise wird man glücklich, wenn man von der Absicherungs-Gabe des Steinbocks geprägt ist? Man prüft gründlich, man plant lange, man schafft ein solides Fundament und baut dann stetig darauf auf.

Wie sieht ein von dieser Beständigkeit erfülltes Leben aus? Langsam, aber stetig – und daher oft erst spät erfolgreich …

Welche Schwierigkeiten kann man beim Erreichen dieses Zieles der Sicherheit haben? Möglicherweise verpasst man das Erleben oder fürchtet sich zu sehr vor Veränderungen.

Was könnte die Lösung dafür sein? Man könnte das Verhältnis von Wandel und Beständigkeit gründlich untersuchen und sich dann anschauen, was man beständig haben will und wo man auch den Wandel willkommen heißen kann. Solange das Streben nach Dauer einigermaßen entspannt ist, ist daran ja nichts auszusetzen, doch wenn dieses Streben verkrampft und angstbesetzt ist, sollte man sich erst einmal um seine Gefühle kümmern bevor man sich auf lebenslange Projekte festlegt.

Im Tarot wird diese Fähigkeit des Steinbocks durch die Karte „Einsiedler" dargestellt – er betrachtet das Wesen der Welt und kann dadurch die Grundlagen für das, was er will, erfassen. Das „As der Münzen" verkörpert die Qualität der stetigen Arbeit, mit der der Steinbock die Beständigkeit anstrebt. Der „Herrscher" repräsentiert schließlich das erreichte Ziel der Sicherheit, der Lenkung und der Prägung der eigenen Lebensumstände.

Im I Ging finden sich fünf Sprüche, die diese Haltung beschreiben:

> *„Es ist von Nutzen, einen großen Mann aufzusuchen."*
>
> *„Auf alte Tugenden bauen."*
>
> *„Der überlegene Mann zeigt Ausdauer – im Einklang mit seinen Grundsätzen."*
>
> *„Fest und unerschütterlich wie ein Felsen."*
>
> *„Es ist von Nutzen, in der richtigen Weise Ausdauer zu zeigen."*

In der Astrologie ist der Saturn, der der Gott der Sachlichkeit und der Beständigkeit ist, mit diesem Steinbock-Lebensstil verwandt.

Berühmte „Doppel-Steinböcke" sind u.a.: Kit Carson (US-Trapper), Vivecananda (Yogi), Mao Tse-Tung (chinesischer Staatspräsident), Giulio Andreotti (italienischer

Ministerpräsident), John C. Lilly (US-Erfinder) und Iris Berben (Schauspielerin).

Die Weisheit des Steinbock-Stils lautet: **„Alter Turm steht auf festem Fels."**

- - -

Wir bauen steile Burgen aus Stein,
auf festem Felsen ein hartes „Nein!";
sind die Hüter für uns're Güter,
Mauern schützen uns vor Pein.

Wir wachen, prüfen und wir bauen,
Wir setzen Grenzen und wir schauen
auf Gebaren, auf Gefahren;
Wir achten auf alle, die lügen und klauen.

Wir sind die Bewahrer des Lebens,
Wir sind die Wächter des Strebens;
Wir verwalten, wir erhalten,
Wir lauschen den Nornen des Schicksal-Webens.

11. Verstehen

♒

Die elfte Gabe, die hilft, ein erfülltes Leben zu führen, ist der Blick aufs Ganze, der es zum einen ermöglicht, von dem Konkreten zum Allgemeinen hin zu abstrahieren, und zum anderen die Fähigkeit, eine Utopie für die Zukunft zu entwerfen, in der eine ganz neue Form den Lauf der Dinge prägt und so eine bessere Welt erschaffen wird.

Der Lebensbereich, in dem diese Gabe gebraucht wird, ist die Forschung, die Lehre, das Erfinden, das Entdecken, das Entwerfen, die Suche nach einem neuen Weltbild und nach der Weltformel und ähnliches. Diese Gabe entfaltet sich in der Begegnung mit dem Allgemeingültigen und mit dem Sonderfall und sie ermöglicht es, das Wesen der Welt zu ergründen und die Stellung des Menschen in ihr zu begreifen und ein entsprechendes Menschenbild und die sich daraus ergebende sinnvolle Lebensweise zu propagieren. Dadurch wird es einem nie an dem Blick von oben auf das Ganze mangeln.

Wenn man diese Gabe hat, wird man zu einem „verrückten Professor“. Dann wird man die Welt aus dem Blickwinkel der neuesten Erfindungen und der glänzendsten Utopie betrachten und jederzeit noch ein paar neue Ideen haben.

Diese Wassermann-Gabe des möglichst umfassenden Denkens macht es einfach, von der Menschheit her zu denken und der UNO einen größeren Einfluss zu geben. Sie sind die kreativen Utopisten bei der Entwicklung eines funktionsfähigen und lebensförderlichen globalen Weltbildes.

Im Bereich der Lebenskraft und der Spiritualität richtet sich der Wassermann oft auf die eigene Clan-Gottheit aus und betont aber auch den Einen Gott als Wurzel allen Bewusstseins. Sein wichtigster Helfer ist sein Überblick.

Bei einem Zuviel von dieser Wassermann-Gabe oder durch die einseitige und ständige Anwendung nur dieser einen Gabe wird diese Abstrahierung jedoch zu einer spinnerten Weltflucht.

Hier kann ein wenig Ausgleich helfen: Die Wassermann-Gabe der Weitung zur Mensch-heit und die Löwe-Gabe der Zentrierung auf sich selber sind Ergänzungs-Gegensätze. Folglich sind das Weltverbessern des Wassermanns und die Selbsterkenntnis des Löwen als Paar kreativer als einzeln.

Mit welcher Lebensweise wird man glücklich, wenn man von der Abstrahierungs-Gabe des Wassermanns geprägt ist? Man blickt von oben her auf die Dinge und Menschen und Prozesse, man bildet Netzwerke und gründet Vereinigungen, man entwirft die Utopie einer besseren Welt und strebt dann gemeinsam die Verwirklichung dieser Utopie durch eine Revolution oder zumindest durch eine sehr schnelle Evolution an.

Wie sieht ein von diesem Weltverbesserer-Geist erfülltes Leben aus? Denken, Forschen, Reden, Vereinbaren, Anregen … dadurch entsteht die Gemeinschaft der Gleichgesinnten, die die gemeinsame Utopie verwirklichen will.

Welche Schwierigkeiten kann man beim Erreichen dieses Zieles der besseren Welt haben? Möglicherweise haben nicht alle dieselbe Vorstellung von einer besseren Welt, möglicherweise stehen der Utopie handfeste Machtinteressen entgegen, vielleicht verzettelt man sich auch in Vorstellungen, die kaum noch einen Realitätsbezug haben, oder man lebt ganz in seinem Kopf und vergisst Herz und Hand.

Was könnte die Lösung dafür sein? Man könnte ab und zu in die Natur hinausgehen und einfach mal nur dem Plätschern des Baches, dem Rauschen des Windes und dem Gesang der Vögel zuhören, um von dem allgemeingültigen Abstrakten wieder zu dem konkreten eigenen Leben zurückzukehren.

Im Tarot wird diese Fähigkeit des Wassermanns durch die Karte „König der Schwerter“ dargestellt – er ist das Wissen, das klare Denken, die weitgespannten Schlussfolgerungen und das klare Urteil: der Forscher. Darauf folgt dann der „Hohepriester“, der die errungenen Erkenntnisse der Allgemeinheit lehrt: der Professor. Doch das genügt noch nicht, denn die Utopie soll ja auch Realität werden – daher folgt nun noch das „Gericht“, die u.a. auch das Erreichen der Utopie durch den Revolutionär repräsentiert.

Im I Ging finden sich vier Sprüche, die diese Haltung beschreiben:

„Die Bruderschaft der Menschen: die Schar der Gleichgesinnten.“

„Der überlegene Mann ist grenzenlos in seinem Willen zur Unterrichtung.“

„Ein großer Man verbreitet das Licht und erleuchtet die vier Enden des Universums.“

„Revolution: Wenn der geeignete Tag naht, werden die Menschen daran glauben.“

In der Astrologie ist der Uranus, der der Gott der Erfindungen und des Unerwarteten ist, mit diesem Wassermann-Lebensstil verwandt.

Berühmte „Doppel-Wassermänner“ sind u.a.: Ramakrishna (Yogi), Abraham Lincoln (US-Präsident), Francis Bacon (Philosoph), Hans-Jörg Felmy (Schauspieler), Gene Hackman (Schauspieler) und Kim Novak (Schauspielerin).

Die Weisheit des Wassermann-Stils lautet:
„Nie weniger als die Weltformel, nie kleiner als die Utopie.“

- - -

Lasst uns in die Zukunft fliegen,
dort, wo golden Städte liegen:
unser Traum und uns'rer Raum!
Unser Lebenslied wird siegen!

Auf! Auf! Die Zukunft wartet schon!
Das Ende von Mangel und Leiden und Fron!
Angst vergeht, Zweifel verweht:
Ein Leben in Glück ist unser Lohn!

Kommt zusammen, geht gemeinsam!
Niemand ist allein und einsam!
Der gold'ne Hort! Der Sonnen-Ort!
Dort ist nichts mehr Schmerz und peinsam!

12. Anteilnahme

♓

Die zwölfte Gabe, die hilft, ein erfülltes Leben zu führen, ist das Gespür für die Lage, in der man ist, das Gefühl für das Unausgesprochene, die Ahnung des Zukünftigen und das Ertasten des Verborgenen. Dadurch findet man sich auch in völlig unübersichtlichen Situationen, in der das meiste verborgen bleibt, trotzdem noch immer gut zurecht.

Der Lebensbereich, in dem diese Gabe gebraucht wird, ist der Alltag mit seinen alltäglichen Begegnungen und Situationen sowie alle Hilfs-Berufe und spirituell-künstlerischen Berufe: Maler, Dichter, Sänger, Drogenberater, Krankenschwester, Priester, Nonne – aber auch Fährenkapitän, Straßenfeger, Seherin und noch viele mehr. Diese Gabe entfaltet sich in der Begegnung mit dem Normalen und dem Außergewöhnlichen und sie ermöglicht es, in jeder Situation zurechtzukommen. Dadurch wird man niemals allzu sehr ins Schwanken geraten.

Wenn man diese Gabe hat, wird man zu einem „trittsicheren Schlafwandler“. Dann wird man die Welt aus dem Blickwinkel des Fließens der Ereignisse betrachten und jederzeit die Strömungen und die Winde des Lebens für den eigenen Weg nutzen können.

Diese Fische-Gabe des Gespürs für die nicht-materiellen Dinge macht es einfach, auch spirituelle, meditative, religiöse, magische und ähnliche Hilfsmittel zu benutzen. Sie sind die magisch begabten Priester bei der Entwicklung eines funktionsfähigen und lebensförderlichen globalen Weltbildes.

Im Bereich der Lebenskraft und der Spiritualität sieht der Fisch vor allem das Bewusstsein in allem. Sein wichtigster Helfer ist der sinnvolle Zufall.

Bei einem Zuviel von dieser Fische-Gabe oder durch die einseitige und ständige Anwendung nur dieser einen Gabe wird dieses Mitfließen zu einem traumverlorenen Dahindämmern.

Hier kann ein wenig Ausgleich helfen: Die Fische-Gabe des Gespürs und die Jungfrau-Gabe der Analyse sind Ergänzungs-Gegensätze. Folglich sind die Tagträume des Fischs und die Bauanleitungen der Jungfrau als Paar kreativer als einzeln.

Mit welcher Lebensweise wird man glücklich, wenn man von der Mitgefühl-Gabe des Fisches geprägt ist? Man ist am glücklichsten, wenn alle glücklich sind – das ist die Haltung der Boddhisattvas, der Sufis und der Mystiker.

Wie sieht ein von dieser Anteilnahme erfülltes Leben aus? Man ist sich selber treu, indem man anderen hilft, indem man ökologisch handelt, indem man künstlerisch tätig ist, indem man sich sozial engagiert, indem man heilt …

Welche Schwierigkeiten kann man beim Erreichen dieses Zieles der Offenheit für alle haben? Es könnte passieren, dass man das eigene Wohlergehen aus den Augen verliert und sich aufopfert oder überanstrengt – woraufhin es einem dann selber nicht mehr gut geht und man auch nicht mehr die Kraft hat, etwas für andere zu tun.

Was könnte die Lösung dafür sein? Das ist einfach: Altruismus sollte nie ein Verschieben der eigenen Aufmerksamkeit auf andere sein, sondern als „weitsichtiger Egoismus" aus der Einsicht heraus entstehen, dass alle miteinander verbunden sind und daher der Einzelne am glücklichsten sein wird, wenn er von lauter glücklichen Menschen umgeben ist.

Im Tarot wird diese Fähigkeit der Fische durch die Karte „Stern" dargestellt, die ein Sinnbild für die Auflösung der Abgrenzung gegenüber der Welt ist. Die „Zwei der Münzen" zeigt, dass alles im Fluss und im Wandel ist – das „Schicksalsrad" betont das Auf und Ab in diesem ständigen Wandel. Wenn man diesen ständigen Wandel, der auch von dem I Ging beschrieben wird, wirklich angenommen hat, gelangt man zu der „Welt" und tanzt seinen Lebenstanz.

Im I Ging finden sich drei Sprüche, die diese Haltung beschreiben:

> *„Wenn Du ehrlich bist, wird Dich Dein Nachbar bereichern."*
>
> *„Der überlegene Mann verteilt Reichtum an die unter ihm, ohne dabei sein Wohlwollen zu betonen."*
>
> *„Der überlegene Mann ist schrankenlos in seiner Unterstützung und in seinem Schutz des Volkes."*

In der Astrologie ist der Neptun, der Gott der Phantasie und des Mitgefühls, mit diesem Fische-Lebensstil verwandt.

Berühmte „Doppel-Fische" sind u.a.: Pier Paolo Pasolini (Regisseur), Johnny Cash (Musiker) und Silvia Pfeiffer (Schauspielerin).

Die Weisheit des Fische-Stils lautet: **„Ich lasse mich vom Leben führen …"**

- - -

Fluss und Strom und Bäche fließen,
bis sie sich ins Meer ergießen:
aus Regen geboren, zum Wandel erkoren …
am Wasser kann das Leben sprießen.

Formlos Teil des Ganzen werden,
sich im Wasser-Wandel erden:
Teil des Ganzen – immer tanzen,
niemals starr und stetig werden.

Mit dem Chi im Körper schwingen,
das Lied des Lebenswandels singen:
in Vertrauen vorwärts schauen –
das Leben wird mir Fülle bringen.

Bücher von Harry Eilenstein

Magie für Anfänger
- Telepathie für Anfänger (60 S.)
- Telepathie für Fortgeschrittene (52 S.)
- Telekinese für Anfänger (52 S.)
- Analogien für Anfänger (56 S.)
- Omen und Orakel für Anfänger (52 S.)
- Lebenskraft für Anfänger (60 S.)
- Meditation für Anfänger (56 S.)
- Kundalini für Anfänger (100 S.)
- Hypnose für Anfänger (56 S.)
- Kampfmagie für Anfänger (172 S.)
- Auto-Movement für Anfänger (56 S.)
- Chakra-Magie für Anfänger (148 S.)
- Astralreisen für Anfänger (56 S.)
- Astrologie für Anfänger (120 S.)
- Astrologische Quadrate für Fortgeschrittene (72 S.)
- Partnerhoroskope für Anfänger (100 S.)
- Silberschnüre für Anfänger (52 S.)
- Zaubersprüche für Anfänger (60 S.)
- Ritual-Magie für Anfänger (56 S.)
- Mandalas für Anfänger (68 S.)
- Geldzauber für Anfänger (56 S.)
- Liebeszauber für Anfänger (52 S.)
- Invokationen für Anfänger (52 S.)
- Evokationen für Anfänger (60 S.)
- Geister für Anfänger (52 S.)
- Elfen für Anfänger (56 S.)
- Magie-Forschung für Anfänger (140 S.)
- Magie-Romantik für Anfänger (60 S.)
- Selbsterkenntnis für Anfänger (52 S.)
- Einweihungen für Anfänger (60 S.)
- Drogen-Kabbala für Anfänger (216 S.)
- Zahlensymbolik für Anfänger (60 S.)
- Die Sprache des Mondes – für Anfänger (116 S.)
- Zaubergesänge für Anfänger (100 S.)
- Zukunftschau für Anfänger (60 S.)
- Schamanismus für Anfänger (52 S.)
- Schwitzhütten für Anfänger (52 S.)
- Magische Gegenstände für Anfänger (68 S.)
- Übertragungen für Anfänger (68 S.)
- Zaubertränke für Anfänger (64 S.)
- Magie-Gesten für Anfänger (252 S.)
- Da'ath-Magie für Anfänger (64 S.)
- Magie-Heilungen für Anfänger (68 S.)
- Kornkreise für Anfänger (348 S.)
- Feng Shui für Anfänger (96 S.)
- Tao für Anfänger (112 S.)
- Magie für Anfänger – Sammelband I (696 S.)
- Magie für Anfänger – Sammelband II (664 S.)
- Magie für Anfänger – Sammelband III (580 S.)
- Magie für Anfänger – Sammelband IV (700 S.)
- Magie für Anfänger – Sammelband V (676 S.)
- Magie für Anfänger – Sammelband VI (640 S.)

Magie
- Handbuch für Zauberlehrlinge (408 S.)
- Wie man das Pentagramm-Ritual zum Leben erweckt (308 S.)
- Tarot (104 S.)
- Physik und Magie (184 S.)
- Die Synthese von Physik und Magie (200S.)
- Die Magie-Formel (156 S.)
- Schwarze Löcher in der Magie (56 S.)
- Krafttiere – Tiergöttinnen – Tiertänze (112 S.)
- Schwitzhütten (524 S.)
- Mythen und Magie der Harfe (116 S.)
- Drei Adeptus Major Rituale (192 S.)
- Drei Adeptus Exemptus Rituale (120 S.)
- Zwei Infans Abyssi Rituale (128 S.)

Traumreisen
- Traumreisen zu Heilpflanzen (700 S.)
- Traumreisen zum kabbalistischen Lebensbaum (132 S.)

Meditation
- Der Lebenskraftkörper (230 S.)
- Die Chakren (100 S.)
- Das Chakren-System mit den Nebenchakren (296 S.)
- Organe und Chakren (64 S.)
- Die platonischen Körper in den Chakren (156 S.)
- Meditation (140 S.)
- Drachenfeuer (124 S.)
- Kundalini I (676 S.)
- Kundalini II (672 S.)
- Reinkarnation (156 S.)
- einsgerichtet (140 S.)

Astrologie
- Astrologie (496 S.)
- Photo-Astrologie (428 S.)
- Die astrologischen Aspekte (88 S.)
- Horoskop und Seele (120 S.)

Kabbala
- Kursus der praktischen Kabbala (150 S.)
- Eltern der Erde (450 S.)
- Blüten des Lebensbaumes:
    1. Die Struktur des kabbalistischen Lebensbaumes (370 S.)
    2. Der kabbalistische Lebensbaum als Forschungshilfsmittel (580 S.)
    3. Der kabbalistische Lebensbaum als spirituelle Landkarte (520 S.)
- Logik und Wirkung der Analogie (700 S.)

Eilenstein, Frater V.D., Knecht, Büdenbender
- Magie heute – Berichte aus der Praxis (288 S.)

Büdenbender, Eilenstein
- Chaos, Alk und Magic (436 S.)

Germanen

1. Die Entwicklung der germanischen Religion (556S.)
2. Lexikon der germanischen Religion (576S.)
3. Der ursprüngliche Göttervater Tyr (584S.)
4. Tyr in der Unterwelt: der Schmied Wieland (228S.)
5. Tyr in der Unterwelt: der Riesenkönig 1 (448S.)
6. Tyr in der Unterwelt: der Riesenkönig 2 (452S.)
7. Tyr in der Unterwelt: der Zwergenkönig (304S.)
8. Der Himmelswächter Heimdall (140S.)
9. Der Sommergott Baldur (228S.)
10. Der Meeresgott: Ägir, Hler und Njörd (176S.)
11. Der Eibengott Ullr (148S.)
12. Die Zwillingsgötter Alcis (292S.)
13. Der neue Göttervater Odin 1 (672S.)
14. Der neue Göttervater Odin 2 (160S.)
15. Der Fruchtbarkeitsgott Freyr (320S.)
16. Der Chaos-Gott Loki (608S.)
17. Der Donnergott Thor (600S.)
18. Der Priestergott Hönir (76S.)
19. Die Göttersöhne (204S.)
20. Die unbekannteren Götter (248S.)
21. Die Göttermutter Frigg (220S.)
22. Die Liebesgöttin: Freya und Menglöd (424S.)
23. Die Erdgöttinnen (212S.)
24. Die Korngöttin Sif (104S.)
25. Die Apfel-Göttin Idun (144S.)
26. Die Hügelgrab-Jenseitsgöttin Hel (288S.)
27. Die Meeres-Jenseitsgöttin Ran (112S.)
28. Die unbekannteren Jenseitsgöttinnen (384S.)
29. Die unbekannteren Göttinnen (308S.)
30. Die Nornen (328S.)
31. Die Walküren (636S.)
32. Die Zwerge (424S.)
33. Der Urriese Ymir (220S.)
34. Die Riesen (384S.)
35. Die Riesinnen (368S.)
36. Mythologische Wesen (280S.)
37. Mythologische Priester und Priesterinnen (220S.)
38. Sigurd/Siegfried (672S.)
39. Helden und Göttersöhne (628S.)
40. Die Symbolik der Vögel und Insekten (496S.)
41. Die Symbolik der Schlangen, Drachen und Ungeheuer (616S.)

42.a Die Symbolik der Herdentiere 1 (448S.)

42.b Die Symbolik der Herdentiere 2 (304S.)

43. Die Symbolik der Raubtiere (372S.)
44. Die Symbolik der Wassertiere und sonstigen Tiere (164S.)
45. Die Symbolik der Pflanzen (192S.)
46. Die Symbolik der Farben (124S.)
47. Die Symbolik der Zahlen (640S.)
48. Die Symbolik von Sonne, Mond und Sternen (596S.)

49.a Das Jenseits 1 – Das Hügelgrab (428S.)

49.b Das Jenseits 2 – Der Jenseitsweg (484S.)

50. Astralreise, Seelenvogel, Utiseta und Einweihung (420S.)
51. Wiederzeugung und Wiedergeburt (476S.)
52. Elemente der Kosmologie (412S.)
53. Der Weltenbaum (324S.)
54. Die Symbolik der Himmelsrichtungen und der Jahreszeiten (276S.)

55.a Mythologische Motive 1 – Aufbau (492S.)

55.b Mythologische Motive 2 – Vorgänge (480S.)

56. Der Tempel (397S.)
57. Die Einrichtung des Tempels (696S.)
58. Priesterin – Seherin – Zauberin – Hexe (428S.)
59. Priester – Seher – Zauberer (300S.)
60. Rituelle Kleidung und Schmuck (140S.)
61. Skalden und Skaldinnen (92S.)
62. Kriegerinnen und Ekstase-Krieger (224S.)
63. Die Symbolik der Körperteile (340S.)

64.a Magie und Ritual 1 – Magie (608S.)

64.b Magie und Ritual 2 – Kult (592S.)

64.c Magie und Ritual 3 – Heilung (192S.)

65. Gestaltwandler (316S.)

66.a Magische Angriffs-Waffen (660S.)

66.b Magische Verteidigungs-Waffen (328S.)

67. Magische Werkzeuge und Gegenstände (348S.)
68. Zaubersprüche (340S.)
69. Göttermet (416S.)
70. Zaubertränke (72S.)
71. Träume, Omen und Orakel (284S.)
72. Runen (252S.)
73. Sozial-religiöse Rituale (328S.)
74. Weisheiten und Sprichworte (540S.)
75. Kenningar (664S.)
76. Rätsel (160S.)
77. Die vollständige Edda des Snorri Sturluson (512S.)
78. Frühe Skaldenlieder (224S.)

79.a Mythologische Sagas 1 (488S.)

79.b Mythologische Sagas 2 (372S.)

80. Hymnen an die germanischen Götter (684S.)

nicht Teil der Germanen-Reihe:

- Odin (300 S.)

Kelten

- Cernunnos (690 S.)
- Taliesin (228 S.)
- Der Kessel von Gundestrup (220 S.)
- Der Chiemsee-Kessel (76)

Inder

- Dakini (80 S.)
- Vajra (76 S.)

Griechen

- Pan (336 S.)
- Poseidon (668 S.)

Religion allgemein
- Die sieben Schritte des Lebens (428 S.)
- Muttergöttin und Schamanen (168 S.)
- Totempfähle (440 S.)
- Der Urriese (168 S.)

Jungsteinzeit
- Göbekli Tepe (472 S.)
- Die Göttin von Göbekli Tepe (144 S.)
- Die Rituale von Göbekli Tepe (112 S.)

Ägypten
- Hathor und Re 1: Götter und Mythen im im Alten Ägypten (432 S.)
- Hathor und Re 2: Die altägyptische Religion – Ursprünge, Kult und Magie (396 S.)
- Isis (508 S.)
- Ma'at (200 S.)

Indogermanen
- Die Entwicklung der indogermanischen Religionen (700 S.)
- Wurzeln und Zweige der indogermanischen Religion (224 S.)

Christentum
- Christus (60 S.)
- Die Biographie des Teufels (144 S.)
- Die Magie der Propheten Elias und Elisa (96 S.)

Psychologie
- Über die Freude (100 S.)
- Das Geheimnis des inneren Friedens (252 S.)
- Das Beziehungsmandala (52 S.)
- Gefühle und ihre Verwandlungen (404 S.)
- einsgerichtet (140 S.)
- Liebe und Eigenständigkeit (216 S.)
- Von innerer Fülle zu äußerem Gedeihen (52 S.)
- Kreative Hochzeits-Rituale (56 S.)

Heilung
- Die Symbolik der Krankheiten (76 S.)

Kunst
- Herz des Tanzes – Tanz des Herzens (160 S.)
- Die Wurzeln der Kunst (60 S.)
- Wege zur Musik-Improvisation (32 S.)

Drama
- König Athelstan (104 S.)

Roman
- Maran der Schamane (548 S.)
- Maran der Zauberlehrling (676 S.)
- Maran der Harfner (700 S.)
- Maran der Krieger (700 S.)
- Maran der Magier (900 S.)
- Maran der Weise (900 S.)

Entwürfe für die Zukunft
1. Die 12 Stile des Tierkreises (164 S.)
2. Die 12 Gedanken zur Energie (108 S.)
3. Die 12 Phänomene der Schwingungen (60 S.)
4. Die 12 Qualitäten des Wassers (92 S.)
5. Die 12 Fundamente des Wohnens (96 S.)
6. Die 12 Grundprinzipien einer umfassenden Gesundheit (32 S.)
7. Die 12 Zonen des menschlichen Körpers (80 S.)
8. Die 12 Zutaten der Ernährung (60 S.)
9. Die 12 Flüge der Bienen (148 S.)
10. Die 12 Sichtweisen auf Genußmittel und Drogen (96 S.)
11. Die 12 Möglichkeiten der ganzheitlichen Medizin (92 S.)
12. Die 12 Ansichten über das Impfen (36 S.)
13. Die 12 Leitlinien der Erziehung (44 S.)
14. Die 12 Richtungen des Denkens (84 S.)
15. Die 12 Arten des Lernens (56 S.)
16. Die 12 Seiten einer umfassenden Bildung (36 S.)
17. Die 12 Ansätze zu effektivem Handeln (76 S.)
18. Die 12 Konzepte der Arbeit (48 S.)
19. Die 12 Arten der neuen Technologien (36 S.)
20. Die 12 Betrachtungsweisen der künstlichen Intelligenz (48 S.)
21. Die 12 Eigenheiten des Geldes (40 S.)
22. Die 12 Funktionen der Steuern (56 S.)
23. Die 12 Betrachtungsweisen der Sozialberufe (60 S.)
24. Die 12 Strategien der Macht (64 S.)
25. Die 12 Anforderungen an ein neues Wertesystem (48 S.)
26. Die 12 Bausteine einer neuen Gesellschaftsform (52 S.)
27. Die 12 Tore zur Sophikratie (80 S.)
28. Die 12 Pfade zum Frieden (48 S.)
29. Die 12 Säulen des Naturrechts (56 S.)
30. Die 12 Grundlagen der Beziehungen (52 S.)
31. Die 12 Spielfelder des Fußballs (108 S.)
32. Die 12 Wege der Kunst (60 S.)
33. Die 12 Wurzeln eines erfüllten Lebens (44 S.)
34. Die 12 Bereiche des Bewußtseins (56 S.)
35. Die 12 Tempel der Religionen (84 S.)
36. Die 12 Aspekte eines einheitlichen spirituell-physikalischen Weltbildes (72 S.)
37. Die 12 Dynamiken der Verwandlung (44 S.)

- Sammelband 1 „Natur“ (492 S.)
- Sammelband 2 „Gesundheit“ (512 S.)
- Sammelband 3 „Bildung“ (524 S.)
- Sammelband 4 „Gesellschaft“ (416 S.)
- Sammelband 5 „Psyche“ (380 S.)

Englische Buch-Ausgaben

die „Anfänger"-Reihe
- The Synthesis of Physics and Magic (192 p.)
- Telepathy for Beginners (60 p.)
- Telepathy for Advanced Learners (52 p.)
- Telekinesis for Beginners (56 p.)
- Life Force for Beginners (76 p.)
- Kundalini for Beginners (104 p.)
- Astral Projection for Beginners (60 p.)
- Meditation for Beginners (60 p.)
- Prophecy for Beginners (60 p.)
- Ritual Magic for Beginners (64 p.)
- Magic Chant for Beginners (108 p.)
- Invocations for Beginners (52 p.)
- Evocations for Beginners (62 p.)
- Auto-Movement for Beginners (60 p.)
- Elves for Beginners (56 p.)
- Hypnosis for Beginners (56 p.)
- Love Magic for Beginners (52 p.)
- Money Magic for Beginners (60 p.)
- Magic Objects for Beginners (64 p.)
- Shamanism for Beginners (52 p.)
- Chakra-Magic for Beginners (148 p.)
- Language of the Moon – for Beginners (128 p.)
- Self Knowledge for Beginners (60 p.)
- Da'ath-Magic for Beginners (64 p.)
- Astrology for Beginners (112 p.)
- Number Symbolism for Beginners (64 p.)
- Mandalas for Beginners (76 p.)
- Crop Circles for Beginners (344 p.)
- Feng Shui for Beginners (96 p.)
- Magic Research for Beginners (140 p.)
- Magic for Beginners – Anthology I (636 p.)
- Magic for Beginners – Anthology II (616 p.)
- Magic for Beginners – Anthology III (684 p.)
- Magic for Beginners – Anthology IV (580 p.)

Eilenstein, Frater V.D., Knecht, Büdenbender
- Living Magic (261 S.) (= „Magie heute")

sonstige englische Ausgaben
- The Biography of the Devil (140 S.)
- The Synthesis of Physics and Magic (192 S.)
- The Chakra-System with the Minor Chakras (304 S.)

Mein Leben im Frauenhaus

Filomena De Luca

FSC
www.fsc.org
MIX
Papier aus verantwortungsvollen Quellen
Paper from responsible sources
FSC® C105338

Auflage 1 /April 2017
Assira- Verlag Offenbach
Coverbild: 123rf, pixelery
Covergestaltung: Andrea Mohamed Hamroune
Herstellung und Verlag:
BoD- Books on Demond, Norderstedt
ISBN 978-3-7322-9200-4

Vorwort

Ich habe sehr lange überlegt, ob ich davon erzählen sollte, oder ob ich es lieber sein lasse. Dann dachte ich mir, es wäre mal an der Zeit, dass jemand, der wirklich im Frauenhaus war, darüber berichtet. Hilfe ist wichtig für eine Frau, die Gewalt erlebt hat. Auch, wenn es zunächst schwer erscheint. Viele Frauen trauen sich nicht Hilfe zu holen. Die Angst und die Panik fressen die Frauen Stück für Stück auf. Ich selber wurde Opfer häuslicher Gewalt, deswegen weiß ich, wovon ich spreche. Glaubt mir, es ist wichtig sich zu öffnen und sich der Angst zu stellen. Nicht jede Frau hat den Mut abzuhauen. Lieber lassen die Frauen sich schlagen. Das ist falsch. Jeder Mensch hat das Recht frei zu leben. Holt Euch Hilfe.
An alle Frauen da draußen!
Holt Euch Hilfe.
Stellt Euch der Angst.
Kämpft für Euch und Eure Kinder.
Ich lege es Euch nur zu Herzen. Ich habe es geschafft, mir Hilfe zu holen und ich bin mir sicher: Ihr schafft es auch.

Mein Leben im Frauenhaus

Als ich das erste Mal häusliche Gewalt erlebte, war ich 21 Jahre alt. Das war im Jahr 2007. Jetzt fragt man sich bestimmt, wie es dazu kommen konnte, dass ich so jung schon ins Frauenhaus gehen musste.
Nun, im Jahr 2004 lernte ich einen jungen Mann kennen, der etwas älter war als ich. Ich kam mir sehr jung vor, da ich erst 18 Jahre alt war. Aber ich dachte mir, es würde schon gehen. Einige Monate später kam ich auf dumme Gedanken und wollte diesen Mann heiraten. Ich fühlte mich schon reif und hatte einen Traum, wovon alle kleinen Mädchen träumen. Ich war zwar kein Kind mehr, aber ich hatte den Wunsch, wie eine Prinzessin zu heiraten. Ganz in weiß, überall weiße Perlen und eine schönen Traumkutsche mit weißen Pferden. Die weißen Pferde dürften nicht fehlen. Ich wollte immer in einem Schloss heiraten, mit ganz viel Lichtern, mit großen, runden Tischen und Kerzen. Alles, was zu einem Schloss gehört. Ich wusste, dass es nur ein Traum war. Alle Mädchen und Kinder träumen davon.
Einige Monate später hatte ich alles so in Aussicht. Ich heiratete tatsächlich wie eine Prinzessin. Leider passiert etwas, was ich keiner Frau wünsche. Mein Man veränderte sich. Er war nicht mehr der Mann, den ich geheiratet hatte. Immer, wenn ich mit ihm unterwegs war, z.B. bei seiner Familie, dann war er ein Traummann. Er machte alles für mich. Sobald wir aber wieder zu Hause waren, wurde er ein Anderer. Es kam mir vor, als wäre er ein Monster aus einem Horrorfilm. Er behandelte mich sehr schlecht und kommandierte mich rum. Ich fühlte mich wie in dem Film von Aschenputtel. Ich musste den Boden auf Knien sauber schrubben und ich musste kochen, wann er es wollte. Am Ende hatte ich keine Kraft mehr, etwas für mich zu machen. Wenn ich nicht machte, was er wollte, schlug er mich blau. Leider hatte ich nie den Mut und die Kraft abzuhauen. Die Angst und die Panik in mir war viel zu groß, um es alleine zu überstehen. Ich verließ die Wohnung nur noch sehr selten, sodass die Nachbarn sich fragten, wo ich denn geblieben wäre.
Ich wusste selber, dass es so nicht weiter gehen konnte. Ich wollte nicht

mehr mit so einem Monster zusammen leben. Aber um abzuhauen, hatte ich zu viel Angst. Ich dachte darüber nach, als ich mein Bett machte. Wie konnte das nur so sein? Er war nicht so, als ich ihn kennengelernt hatte. Könnte es sein, dass er eine Krankheit hatte, dass er so wurde? Nachdem ich ihn geheiratet hatte, behandelte er mich wie sein Eigentum. Ob er mich besitzen wollte?

Ich gehöre niemanden außer mir selbst. Es war für mich einfach ein No-go, wie er mich behandelte. Ich fühlte mich wie die Prinzessin auf der Erbse. Was war mit mir?

Warum wurde ich so behandelt?

Tag für Tag kam mir immer mehr der Gedanke, der Besitz meines Mannes zu sein. Ich suchte immer mehr Schutz vor diesem Menschen. Er war in meinen Augen gar kein Mensch. Er war ein Monster. Ich konnte und wollte nicht mehr in dieser Situation leben, in der ich mich befand. An einem Tag, als ich mich entschloss abzuhauen, hatte ich die Möglichkeit mir am PC Hilfe zu holen. Als ich am PC war, wusste ich nicht, was ich eintippen sollte. Ich tippte „Frauen in Not". Ich stieß dabei auf die Frauenberatungsstelle in Fulda. Schon auf dem Link sah ich die Nummer. Ich schaute die Nummer eine Weile an und überlegte: „Soll ich anrufen oder es lieber lassen?"

Es dauerte etwas bis ich mich tatsächlich entschließen konnte die Nummer zu wählen. Ein freundliche Frauenstimme meldete sich mit: „Frauenberatungsstelle Fulda. Wie kann ich Ihnen helfen?"

Ich bekam kein Ton heraus. Als die Frau merkte, dass ich nicht antwortete, legte sie, ohne ein Wort zu sagen, auf. Ich sah in den Schlafzimmerspiegel und fragte mich: „Warum ist es so schwer für mich, Hilfe zu holen? Warum lass ich mir das alles gefallen?"

Ich hatte Angst vor der Flucht. Ich hatte Angst vor der Trennung. Ich hatte Angst alleine da zu stehen und ich war sehr unsicher. Was sollte nur aus meinem Leben werden?

Das Einzige, was ich wusste, war, dass ich weg wollte. Es könnte sein, ich würde sonst eines Tages nicht mehr leben. Ich hatte zu keinem Menschen Vertrauen, um über meine Probleme zu sprechen. Ich wollte meine

Probleme selber meistern. Meine Angst war, dass, wenn ich mit jemandem rede, sie sofort die 110 rufen würden. Das wollte ich nicht.
Ich versuchte daher weiterzumachen. Es war leider die falsche Entscheidung. Einige Monate später wurde ich von meinem damaligen Lebenspartner so zugerichtet, dass ich überall blaue Flecke hatte. Mein Körper war von Kopf bis Fuß mit blauen Flecken übersät. Es war so schlimm, dass ich die Wohnung nicht mehr verlassen konnte, nachdem er mich zusammengeschlagen hatte. Ich musste mir etwas einfallen lassen. Ich wollte abhauen, ohne dass die Nachbarn es mitbekamen.
An dem Tag, an dem ich abhaute, war es sehr heiß und daher konnte ich mir keine Jacke und Mütze anziehen. Meine letzte Möglichkeit war meine beste Freundin anzurufen, denn nur sie konnte mir jetzt noch helfen. Ich rief sie sogleich an. Meine Freundin konnte noch nicht mal Hallo sagen, so schoss es aus mir heraus: „Hol mich bitte hier raus. Ich kann nicht mehr. Er bringt mich um. Ich habe eine Platzwunde am Kopf."
Sie wusste sofort, sie musste mich rausholen.
Sie fragte: „Ist er weg?"
Ich erwiderte: „Ja!"
Sie zögerte nicht und sagte: „Leg auf. Ich bin gleich da!"
Keine zehn Minuten später stand meine Freundin vor meiner Haustür. Ich ließ sie rein. Als sie die Haustür hinter sich zu machte und mich sah, bekam sie einen Schock. „Oh mein Gott. Was er mit Dir gemacht? Du blutest ja am Kopf. Ich versorge Dir die Wunde und dann packst Du ein paar Sachen zusammen. Ich fahre Dich ins Frauenhaus. Raus aus Mühlheim. Ich fahre Dich nach Fulda."
Eine halbe Stunde später nahmen wir meine Sachen und fuhren nach Fulda zur Beratungsstelle. Ich sah meine Freundin im Auto an und dachte: „Ohne ihre Hilfe, hätte ich es nie geschafft abzuhauen."
Nach ca. zwei Stunden Autofahrt kamen wir in Fulda an. Ich fühlte mich sehr unwohl und mir tat alles weh. Von Kopf bis Fuß. Ich war vorher noch nie in Fulda. Fulda hat ungefähr 64.000 Einwohner, obwohl es eine kleine Stadt ist. Als ich aus dem Auto ausstieg, sah ich den großen Dom von Fulda. So etwas Schönes hatte ich bisher nur im Märchen gesehen. Es war

wunderschön. Als wir eine kleine altmodische Straße herunter liefen, kamen wir auf ein altes, kleines Haus zu. Meine Freundin blieb davor stehen und sagte: „Jetzt sind wir da. Hier wird man Dir auf jeden Fall helfen. Das kannst Du mir glauben.“

Ich hatte ein sehr schlechtes Gewissen. Ich wusste nicht, ob ich das Richtige getan hatte, mir einfach von fremden Menschen Hilfe zu holen. Ich konnte diesen Leuten doch nicht erzählen, dass ich zu Hause zusammengeschlagen wurde. Wie würde so etwas rüber kommen? Ich sah meine Freundin an und sagte: „Ich kann das nicht.“

Ich lief den steinigen Weg, der nach oben ging, runter, ohne ein weiteres Wort mit meiner Freundin zu reden. Ich sah meiner Freundin ihrem Gesicht an, dass sie unter Schock stand. Total geschockt rannte sie mir hinterher. Sie sagte: „Wir haben es jetzt bis hier geschafft und jetzt willst Du wieder zurück?“

Sie nahm einen Spiegel aus ihrer modischen Gucci-Tasche heraus und sagte: „Schau Dich mal an, verdammt noch mal. Warum lässt Du das zu? Wo ist die Frau, die ich vor Jahren kennengelernt habe?“

Ich bekam kein einziges Wort heraus. Ich hatte es geschafft von meinem Mann abzuhauen. Was wollte ich denn jetzt noch? Ich war Stunden entfernt von dem Menschen, der mich fast tot geschlagen hatte. Ich hatte es geschafft, mir Hilfe zu holen. Meine Füße waren wie versteinert. Ich konnte meine Füße nicht mehr von der Stelle bewegen. Ich wollte mir Hilfe holen, aber meine Angst war zu groß, um alles alleine zu schaffen. Daher lief ich einfach an der Beratungsstelle vorbei, ohne ein Wort zu sagen. Mir tat meine Freundin so leid, weil sie alles mitmachen musste. Ich wusste aber, sie würde mich niemals im Stich lassen. Ich bekam nicht mal mit, dass wir schon stundenlang durch Fulda liefen. Meine Freundin ging hinter mir her und redete auf mich so ein, dass ich nur die Hälfte mitbekam, von dem, was sie sagte. Ich wollte keine Hilfe. Ich wollte mir selber helfen. Ich hatte schon so viel im Leben geschafft. Jetzt wusste ich, dass ich ohne Hilfe nicht mehr zurecht kam. Ich war in Lebensgefahr bei meinen Lebenspartner, würde ich noch weiter mit ihm zusammen leben. Ich brauchte jetzt die Hilfe von Fachleuten. Es gab keine andere Lösung.

Nach Stunden kamen wir nass wie die Pudel wieder an der Beratungsstelle an. Meine Freundin war sprachlos nach stundenlangem Rumgerenne wieder an der gleichen Stelle zu landen. Wir hatten nur noch zwanzig Minuten und die Beratungsstelle würde schließen. Meine Freundin fragte mich: „Was möchtest du jetzt tun? Willst Du zurück zu Deinem Mann, der Dich fast tot geschlagen hat?“

Ich schaute sie an und wusste, es war Zeit nachzugeben. Bevor ich irgendwann sterbe durch seine Schläge. Ich wusste, wenn ich jetzt zurück gehe, wäre mein Leben bald vorbei. Ich konnte nicht viel sagen, denn ich hatte keine andere Wahl mehr. Meine Freundin nahm mich fest in den Arm und sagte: „Wir schaffen das, glaub mir. Das ist kein Leben, das Du führst.“

Als wir den steinigen Weg wieder hoch liefen, kam uns eine Frau mittleren Alters entgegen. Sie schaute mich an und sagte: „Sie brauchen Hilfe. Was haben Sie am Kopf gemacht?“

Ich schaute sie an und brachte kein Wort heraus.

Meine Freundin sagte: „Ihr Mann hat sie geschlagen!“

Die Frau machte das zunächst sprachlos, dann sagte sie: „Sie brauchen in jedem Fall Hilfe, bevor Ihnen noch etwas passiert. Kommen Sie mit in die Beratungsstelle. Da werden wir alles in Ruhe besprechen.“

Ich war mir nicht sicher, ob ich die Hilfe annehmen sollte, oder es besser wäre zurück zu fahren. Ich hatte sehr große Angst vor meinem Mann. Ich schaute hilflos meine Freundin an. Sie nickte mir zu, um mir Mut zu machen, die angebotene Hilfe anzunehmen.

Meine Freundin sagte: „Geh bitte mit. Es ist kein Spaß mehr. Du weißt, wenn Du zurück gehst, wird er Dich umbringen. Das weißt Du genauso wie ich. Bitte lass Dir helfen.“

Ich wusste, dass es das Ende war. Ich konnte mir nicht alleine helfen und brauchte Hilfe. So langsam spielte ich mit dem Feuer und ich wollte mir nicht meine Finger verbrennen. Ich war mir zu wertvoll. Meine Freundin und ich gingen zur Beratungsstelle. Der Weg dahin kam mir sehr lang vor, obwohl wir nur ein paar Meter zu laufen hatten.

Bei jedem Schritt, den ich ging, stieg die Angst in mir. Bei jedem Schritt hörte ich in Gedanken meinen Mann sagen: „Wehe, Du haust ab. Dann bist

Du eine tote Frau. Glaub mir, Du bist nichts und Du wirst nichts."
Als wir an der Beratungsstelle ankamen, sah ich eine sehr altmodische Tür. Die Tür sah komisch aus. Es sah so aus, als wäre sie direkt in die Wand eingebaut worden. Die Tür war auch viel zu tief im Boden. Ich dachte, ich wäre im 7- Zwergenland gelandet. Es war alles sehr merkwürdig für mich. Aber ich wollte mir helfen lassen. Als die Sozialarbeiterin die Tür aufschloss, sah ich eine sehr altmodische Treppe, die nach unten ging. Ich fasste mich an den Kopf, denn ich befürchtete, hier wäre etwas faul. Meine Freundin hingegen war ganz entspannt. Ich dachte: „So wirklich zufällig ist das hier nicht alles. Erst die Frau, die sich als Sozialarbeiterin vorstellte, dann diese altmodische Tür, die in die Wand eingebaut wurde, die in die Tiefe ging."
Ich fand das alles sehr merkwürdig und dachte, ich wäre im falschen Film. Ich bekam Angst und mein Herz klopfte mir bis zum Hals. Ich wusste nicht, ob es richtig war, diese Hilfe wirklich zu wollen. Als wir nach vielen Treppen vor einer großen brauen Holztür ankamen, dachte ich mir: „Was soll das denn?"
Die Sozialarbeiterin merkte, dass ich sehr genervt war.
Sie sagte: „Wir sind jetzt da."
Als sie die Tür aufschloss, kamen wir in eine 3-Zimmer-Wohnung. Es waren aber keine Schlafzimmer, Kinderzimmer oder Wohnzimmer. Es waren Besprechungsräume für Frauen in Not. Das Gespräch dauerte ca. zwei Stunden. Es kam mir vor, als ob es zehn Stunden waren. Nach etwa zwei Stunden kamen wir auf das Thema Frauenhaus. Die Frau sagte ganz beiläufig: „Nachdem, was Sie mir heute erzählt haben, sind Sie meines Erachtens in Lebensgefahr. Ich rate Ihnen mit ins Frauenhaus zu kommen. So von Jetzt auf Gleich ist es unmöglich eine Lösung zu finden. Ich kann Ihnen nur raten ins Frauenhaus zu gehen. Lassen Sie sich helfen. Heutzutage gibt es sehr wenige Frauen, die es schaffen, sich von ihren Männern zu trennen."
Ich wusste selber, dass ich ins Frauenhaus gehen musste. Keiner konnte mich jetzt besser beschützen. Ich wusste, würde ich mich anders entscheiden, wäre es mein Todesurteil. Mein Mann machte keine Spaß. Ich

bekam ein paar Papiere, die ich ausfüllen musste. Als ich damit fertig war, erklärte die Sozialarbeiterin mir ein paar Dinge, die ich streng beachten sollte. Ich sollte wissen, dass ein Frauenhaus ein geheimer Ort ist und es auch so bleiben muss. Denn dort suchen Frauen Zuflucht. Auch die Adresse vom Frauenhaus muss geheim bleiben, denn sonst würden die Männer wissen, wo sich die Frauen befinden. Es gibt ein Postfach. Das bedeutet, dass die Post für die Frauen im Frauenhaus, der Beratungsstelle zugestellt wird. Von dort aus wird sie von einer Kollegin ins Frauenhaus gebracht. Die Nutzung von Webcams ist im Frauenhaus untersagt, da Männer sonst die Möglichkeit hätten, die Frau zu finden. Im Frauenhaus in Fulda kommt man nur mit Pin rein. Die Frauen erhalten einen Code beim Einzug. Sobald eine Frau auszieht, wird der Pin geändert. Für alle Frauen.
Die Sozialarbeiterin fragte mich: „Haben Sie alles verstanden, Frau De Luca?“
Ich nickte.
Weiterhin erklärte mir die Sozialarbeiterin: „Der nächste Punkt: Sie bekommen von uns ein Einzelzimmer. In dem Zimmer befindet sich ein Bett, Kissen und Bettbezug. Sie bekommen zwei Handtücher, zwei große Badetücher, Shampoo, Zahnbürste und Zahnpasta. In dem Zimmer ist auch ein Tisch und ein Stuhl. Das Badezimmer werden Sie sich mit vier anderen Frauen teilen. Sie bekommen einen Zimmerschlüssel. Zur Sicherheit haben die Betreuer auch einen Schlüssel. Sie bekommen etwas zu Essen und zwei Flaschen Wasser pro Tag. Ach ja. Die Küche wird auch von allen Frauen benutzt, genau wie das Wohnzimmer. Sie bekommen einen Vorschuss, bis Sie Geld vom Jobcenter erhalten. Das Geld wird auf das Konto vom Frauenhaus überwiesen und wir geben es dann an die Frauen weiter. Dann bekommen Sie Termine, an die Sie sich halten müssen. Einmal pro Woche, am Dienstag, haben wir einen Frauentreff. Da wird unser Putzplan besprochen. Wir sprechen auch über Probleme und Beschwerden an diesem Tag, wenn jemand welche hat.“
Ich dachte mir: „Mein Gott. Wie lange will die noch reden?“
Ich bekam schon Kopfschmerzen.
Dann hörte sie auf mit: „Haben Sie alles verstanden, Frau De Luca?“

Mir wurde alles zu viel. Zu viel Informationen und all diese Regeln, an die man sich halten musste. Ich wusste nicht, ob ich mir alle merken konnte. Nur leider hatte ich keine andere Wahl und nickte der Sozialarbeiterin zu. Daraufhin sagte sie: „Gut. Dann können wir jetzt losfahren, wenn Sie bereit sind. Wir können zwar auch zu Fuß gehen, aber das ist zu weit mit den Koffern. Es ist an der Zeit, dass Sie sich von Ihrer Freundin verabschieden bitte."
Ich schaute meine Freundin an und fing ein bisschen an zu weinen. Wenn ich dachte, was sie so alles für mich getan hatte. Auch ihr Leben war in Gefahr. Meine Freundin merkte, dass ich fast anfing sehr zu weinen. Sie nahm mich in den Arm und sagte: „Wir schaffen das. Okay! Du weißt wie gefährlich Dein Mann ist. Du musst mit, bitte."
Ich wusste nicht, was ich sagen sollte, nachdem sie so viel für mich getan hatte. Daher sagte ich nur ganz leise: „Danke. Du hast so viel für mich gemacht. Das werde ich niemals vergessen."
Meine Freundin drückte mich ein letztes Mal und ging.
Erst jetzt wurde mir klar in einer fremden Stadt zu sein, in der ich niemanden kannte. Ich war alleine, ohne Familie, Freunde und Bekannte. Die Sozialarbieterin legte mir leicht ihre Hand auf meine Schulter und sagte: „Glauben Sie mir. Wir schaffen es zusammen. Im Frauenhaus gibt es noch andere Frauen, die auch solche Probleme haben. Sie werden sie noch kennenlernen."
Wir stiegen ins Auto ein und fuhren ins Frauenhaus. Wir waren eine ganze Zeit unterwegs. Ich sah mir nur den wunderschönen blauen Himmel an. Ich wollte mir den Weg nicht merken. Keine Straßen, keine Kurven, keine Ampeln. Einfach nichts. Etwas später waren wir da. Die Sozialarbeiterin parkte auf einem Parkplatz, auf dem schon viele Autos standen.
Ich dachte: „Das Frauenhaus ist ein geheimer Ort. Gegenüber der Straße müsste das Frauenhaus sein."
Als die Sozialarbeiterin mir sagte, wo das Frauenhaus war, war es mir wie ein Schlag ins Gesicht. Ich dachte so eine Frauenhaus ist irgendwo versteckt. In einem Dorf oder so, aber doch nicht mitten an ein großen Straße. Ich konnte nur sagen: „Ach ja. Es ist schön, dass wir da sind."

Als wir aus dem Auto ausstiegen und auf die andere Straßenseite gingen, kamen wir an ein altmodisches Haus. Das Baujahr müsste ungefähr 1980 sein. Die Betreuerin gab den Pin ein und es machte Knack, so als ob etwas gebrochen wäre. Es war aber nur so, weil die Tür sich entriegelte. Als wir eintraten, standen wir vor einer schönen altmodischen Treppe, die wie eine lange Schlange verdreht war. Es waren ungefähr 15 Stufen, die wir noch hochlaufen mussten. Ziemlich viel. Aber ich musste da durch, anders ging es nicht.
Plötzlich standen wir vor einer geschlossen Tür. Die Sozialarbeiterin nahm einen Schlüssel aus der Hosentasche und schloss die Tür auf. Wir kamen in eine kleine Wohngemeinschaft. Es waren aber Büros, so wie ich es sah. Als wir in das Büro eintraten, saß eine ältere Frau am PC und tippte so schnell auf der Tastatur, dass man es nicht überhören konnte. Als ich mich hinsetzte, sah sie mich durch eine merkwürdig geformten Brille an, nahm einen Block und einen Stift und setzte sich mir gegenüber. Sie brachte auch eine Taschentücherbox mit. So, als ob sie schon ahnte, dass ich gleich weinen würde. Sie stellte sich vor und sagte: „Ich heiße Anke und bin die Chefin vom Frauenhaus. Meine Kollegin konnte mir schon etwas erzählen. Ich hoffe, es geht Ihnen soweit gut. Ich brauche von Ihnen nur ein paar Informationen, die für uns sehr wichtig sind. Haben Sie eine Krankheit oder leiden Sie an etwas, was wir wissen müssen?“ Ich schüttelte den Kopf.
„Okay, gut zu wissen“, sagte sie. „Hat Ihnen meine Kollegin gesagt, dass Drogen und Alkohol hier verboten sind?“
Ich sagte: „Nein, davon hat sie mir nichts erzählt. Aber ich rauche nicht und ich trinke auch nicht. Trotzdem. Gut zu wissen. Danke.“
Nach einer Stunde Gespräch wollte ich nur noch ins Bett. Ich war sehr erschöpft von der Reise und dem Rumgelaufe den ganzen Tag. Anke merkte, dass ich sehr müde war. Sie sagte: „Wir machen für heute Schluss. Ich zeig Ihnen jetzt das Zimmer. Wir sehen uns morgen.“
Ich nickte.
Wir gingen ein paar Treppen hoch und kamen in eine chaotische Wohngemeinschaft. Ich bekam einen Schreck und dachte: „Oh mein Gott. Wo bin ich denn hier gelandet?“ Ich hasste es, wenn es so unordentlich

aussah. Überall auf dem Flur lagen Spielsachen herum. Ich musste aufpassen, dass ich nicht darüber stolperte. Die Küche sah aus, als ob da eine Bombe eingeschlagen hätte. Ich sah an Ankes Gesicht, dass sie stinksauer war. Anke rief alle Frauen ins Wohnzimmer zusammen.
Das Wohnzimmer war genauso unordentlich. Als alle Frauen da waren, fing Anke an, zu reden: „Warum sieht es hier, bitte schön, so aus? Ihr kennt die Regeln doch."
Keine der Frauen antwortete.
Anke sagte: „Ich stelle Euch erstmal Eure neue Mitbewohnerin vor. Das ist Mena. Zeigt Ihr bitte alles. Seid so nett. Aber zurück zum Thema: Macht die Wohnung sauber. Aber picobello. Bevor ich nach Hause fahre, komm ich noch mal gucken. Habt Ihr verstanden?"
Sie hörte sich sehr streng an. Aber die Frauen brauchten das. Die Frauen waren eher Mädchen und deutlich jünger als ich. Ich dachte, ich wäre nicht in einer Frauengruppe, sondern in einer Mädchengruppe. Am Ende erfuhr ich, dass es eine gemischte Gruppe war.
Als Anke mir mein Zimmer zeigte, war ich sehr erleichtert. Ich war schon ziemlich müde und wollte ins Bett. Das Zimmer war nicht sehr groß aber okay. Da ich alleine war, störte es mich nicht. Das Zimmer hatte weiße Wände. Ich fand das hässlich. Ich legte mich hin und schlief ein. Einige Stunden später wachte ich durch Kinderlärm wieder auf. Mein ganzer Körper tat mit weh und mein Gesicht war geschwollen. Durch die Schläge. Als ich raus ging, um nachzuschauen, was los war, sah ich nur viele Spielsachen auf dem Boden liegen.
Anke kam zu mir hoch und sagte: „Ein Mann hat sich in der Beratungsstelle informiert, ob eine Filomena bei uns wohnt. Aber keine Angst. Wir dürfen keine Informationen weitergeben, da wir sonst die Frauen in Gefahr bringen würden."
Ich bekam einen Schock und dachte: „Jetzt hat er mich gefunden. Und was soll ich jetzt machen, verdammt?"
Ich schaute Anke an und sagte: „Jetzt passiert was. Jetzt muss ich hier weg."
Anke sagte: „Nein noch nicht. Wir müssen schauen wie sich das entwickelt. Danach können wir immer noch eine Entscheidung treffen, ob Sie hier

bleiben oder, ob Sie in ein anderes Frauenhaus gebracht werden. Vielleicht brauchen Sie auch Personenschutz. Aber da warten wir erstmal noch ab. Okay, meine Liebe? Solange Sie sich im Frauenhaus aufhalten, wird Ihnen nichts passieren."

Ich dachte mir: „Toll. Jetzt darf ich auch das Frauenhaus nicht mehr verlassen, weil ich in Gefahr war. Na super!"

Da ich nichts mehr sagen konnte, nickte ich Anke zu. Was sollte ich jetzt bloß machen? Ich musste mich bewegen. Ich wollte die Scheidung, aber ich konnte mich nur scheiden lassen, wenn ich auch einen Anwalte hatte. Es musste also eine Lösung her.

Ich telefonierte etwas herum und am Ende stieß ich auf einen Anwalt. Der Anwalt war zwar nicht aus Fulda aber das machte mir nichts aus. Ich rief den Anwalt an und schilderte ihm mein Problem. Gott sei Dank gab es eine Lösung. Wir konnten alles telefonisch besprechen. Die Unterlagen bekam ich ins Frauenhaus geschickt. Zum Gerichtstermin musste ich auch nicht, da ich in Gefahr war. Einige Monate später war die Scheidung durch. Mich machte das sehr glücklich. Bei der Meldestelle hatte ich eine Auskunftssperre machen lassen, damit mich mein Exmann nicht finden konnte.

Einen Monat nach der Scheidung bekam ich die Zusage für eine Wohnung. So konnte ich nach sehr langer Zeit wieder in meine eigenen vier Wände ziehen. Ich bekam auch einen Job als Zimmermädchen. Endlich war ich auf mich alleine gestellt, ohne Hilfe von irgend jemanden. Ich fand auch schön dass, immer wenn ich Probleme hatte, ich ins Frauenhaus gehen konnte, um mich beraten zu lassen. Ein Jahr später ging ich einfach mal so zum Frauenhaus, um vorbeizuschauen und die Betreuer zu besuchen. Es war ein sehr schöner Tag. Die Sonne schien sehr stark, obwohl es ziemlich kalt war. Als ich an dem Tag ins Frauenhaus kam, traf ich eine junge Mutter. Was wenige Tage später passierte, war der Horror. Die junge Frau und ich wurden in kurzer Zeit sehr gut Freundinnen, bis zu dem Tag, an dem Sie von ihrem Exmann umgebracht wurde. Nachdem ich meine Freundin verloren hatte, musst ich zusehen, dass ich aus Fulda so schnell wie möglich abhaute. Zwei Wochen später war ich weg. Zum Glück hatte ich einen

Nachmieter gefunden, der meine Wohnung so nahm wie sie war. Mein Chef, da wo ich arbeitete, verstand mich und kündigte mir.

Ich zog nach Frankfurt zu meiner Familie. Ich blieb aber nicht lange. In der Zeit, in der ich bei meinen Eltern wohnte, ging ich fast jeden Tag raus. Ich wollte alles vergessen.

Eines Tages, es war Frühling, machte ich mich auf den Weg zum Einkaufszentrum in die Zeil-Galerie. Jetzt ist es abgerissen, da sich ein Spinner vom Dach geschmissen hatte. Ich wollte einkaufen gehen und lernte einen jungen Mann kennen, der angeblich Student war. Er lebte nicht in Frankfurt, sondern in einer kleinen Stadt namens Rüsselsheim.

Genau diesen Mann heiratete ich einige Monate später. Es war ein großer Fehler, denn alles begann wieder von vorne. Ich wurde wieder geschlagen und misshandelt. Ich hielt seine Lügen nicht mehr aus und seine Kiffereien. Ich packte meine Sachen zusammen und zog mit einer Freundin von mir nach Waldhof. Leider konnte ich nicht lange bleiben, denn er holte mich zurück. Ohne ein Wort zu sagen, fing alles wieder an. Als mein Mann eine Studentenreise antrat, hatte ich die Möglichkeit abzuhauen. Durch einen Freund aus Dortmund erfuhr ich vom Frauenhaus. Für das, was dann geschah, wollte ich mich selber Ohrfeigen.

Ich haute von Rüsselsheim nach Dortmund ab. Da Dortmund eine sehr große Stadt ist, fand ich mich zuerst nicht zu recht. Ich ging nach Dortmund wegen Hamuda. Als ich in Dortmund mit dem Zug am Bahnhof ankam, wartete Hamuda bereits auf mich. Ich sah ihn schon von weitem kommen. Hamuda nahm mich kurz in den Arm und dann fuhren wir zu ihm nach Hause. Dort angekommen, sah ich, dass er nur ein Zimmer hatte. „Na toll“, dachte ich. „Und wo soll ich jetzt schlafen?“

Leiser mussten wir beide in einem Bett schlafen. Jeder auf seiner Seite. Das verstand sich von selbst.

Einige Tage später sprach ich mit Hamuda und erklärte ihm, dass es so nicht weitergehen konnte. Ich musste mir Hilfe holen. Hamuda brachte mich zum Sozialamt. Ich erklärte einer Mitarbeiterin mein Problem. Diese riet mir wieder ins Frauenhaus zu gehen. Ich musste wieder um mein Leben bangen, denn mein Mann war bereit, mir etwas anzutun. Genau wie nach der

Abtreibung damals. Ich fasste mir an den Kopf und sagte: „Na toll. Jetzt kann ich schon wieder von vorne anfangen. Wieder ins Frauenhaus, wieder eine neue Wohnung und wieder einen neuen Job suchen.“ Mir machte es zu schaffen, mein ganzes Leben auf der Flucht zu sein.
Ich hätte mich ohrfeigen können. Verdammt noch mal. Was mache ich denn falsch im Leben, dass ich immer auf der Flucht sein muss? Immer landete ich im Frauenhaus. Aber da es keine andere Lösung gab, nahm ich das Angebot an. Kurz darauf bekam ich einen Anruf von der Chefin vom Frauenhaus. Wir verabredeten, wo wir uns treffen wollten. Sie erklärte mir auch wie ich zu dem Treffpunkt kommen konnte. Dortmund ist eine sehr große Stadt. Der Treffpunkt war sehr schwer zu finden. Die ganzen Bahnen. Aussteigen wieder einsteigen. Die Busse. Die Kurven, die ich laufen musste. Es dauerte vierzig Minuten bis ich endlich da war.
Ich dachte die Chefin wäre da, aber am Treffpunkt standen stattdessen zwei Frauen. Sie kamen sofort auf mich zu und fragten mich: „Bist Du Frau De Luca?“ Ich fand das sehr unhöflich, mich einfach so zu duzen. Ich sagte sehr entspannt: „Ja, die bin ich!“ Ohne ein weiteres Wort, nahmen sie mich mit ins Frauenhaus. Der Weg dorthin war noch schwieriger zu laufen. Mir diese Kurven und Strassen und Ecken zu merken, war der Horror für mich. Nach ca. zwanzig Minuten Fußweg kamen wir an einem großen Tor an. Ich dachte: „Wo sind wir denn jetzt?“ Es sah aus wie ein großes verlassenes Kloster. Die vielen Fenster am Haus. Drumherum war alles zugemauert. Bevor wir reinkommen durften, identifizierte uns eine Kamera von Kopf bis Fuß.
Das Ganze wurde mir langsam unangenehm. Ich fühlte mich wie eine Übeltäterin. Später erfuhr ich von den Frauen, dass es ganz normal ist so. Man muss wissen, wer tagsüber und nachts klingelt. Man durfte keine Leute rein lassen, die man nicht kannte. Als das Tor aufging und wir rein gingen, standen wir auf einem großen Parkplatz. Wir gingen ein paar Meter, damit wir ins Haus kamen. Wir kamen wieder Mal in eine große Halle. Die Chefin stellte sich kurz und knapp mit dem Namen Marie vor. Ich sah mich um. So eine schöne große Treppe sah ich bisher nur in Filmen. „Diese schönen Lampen“, dachte ich mir. „Das ist kein Kloster, sondern ein Schloss.“

Als Marie mich mit in den ersten Stock nahm, kamen wir auf eine große Glastür zu. Ich fragte Marie, ob das nicht zu gefährlich wäre für die Kinder. Marie erwiderte knapp. „Nein. Wir haben im Haus nur Panzerglasscheiben. Auch die Türen sind aus Panzerglas."
Ich konnte nichts mehr sagen. Ich war baff. Beim Büro angekommen, drückte mir Marie einen Zettel in die Hand, den ich ausfüllen musste. Marie sagte: „Setzen Sie sich bitte auf den Stuhl, Frau De Luca. Sie werden in Kürze von meiner Kollegin aufgerufen."
Ich nickte, setzte mich auf den Stuhl, las die Fragen und füllte den Zettel aus. Auf dem Flur, wo ich mich befand, waren auf beiden Seiten fünf Zimmer. Das war eine Menge, fand ich. Aber das war erst der Anfang. Das ganze Frauenhaus war ein Traum. Diese schönen Treppen. Na ja. Nachdem die Betreuerin sich meine Antworten durchgelesen hatte, fragte sie mich, was passiert war. Es viel mir schwer darüber zu reden. Die Betreuerin merkte das und sagte: „Frau de Luca, lassen Sie sich Zeit. Nehmen Sie sich so viel Zeit wie Sie brauchen."
Ich fing an, langsam zu erzählen. Nachdem ich fertig war, hörte ich nur ein „Puuuh" von der Betreuerin. Sie sagte: „Das ist sehr viel, was Ihnen passiert ist. Auf jeden Fall bekommen Sie ein Zimmer hier von uns. Sie müssen hier bleiben."
Als wir in den zweiten Stock kamen, sah ich wieder einen Flur. Auf der linken Seite waren fünf Zimmer und auf der rechten Seite auch.
Ich fragte: „Wie viel Zimmer haben Sie?"
Die Betreuerin antwortete: „Wir haben vierzig Zimmer und ein Büro. Das Haus ist sehr groß, aber man verläuft sich nicht. Keine Angst!"
Viele Frauen, die ich in der Zeit meines Aufenthalts im Frauenhaus kennenlernte, wurden verprügelt und misshandelt. Das Schlimmste war, dass viele Frauen sehr darunter litten und mit ihrem Leben nicht mehr klar kamen. Einige dachten an Selbstmord, andere wiederum gingen zurück zu ihren Männern. Die Frauen hatten Angst. Am schlimmsten war es für die Kinder. Manche waren noch zu klein, um alles richtig verstehen zu können. Es gab zwar eine Gruppe im Frauenhaus, in der sich die Kinder beschäftigen konnten, jedoch brachte dies meiner Meinung nach nicht fiel. Viele Kinder

hatten Heimweh und wollten nach Hause. Dahin, wo ihr Bett war und ihre Spielsachen. Aber da die Väter gewalttätig waren, mussten sie abhauen. Sie verließen ihr zu Hause und gingen in eine fremde Stadt, in der es schwer war für sie zu leben.
Viele Frauen kamen kaum aus ihren Zimmern. Sie hatten zu viel Angst. Angst ist zwar was Gutes, jedoch muss man nicht vor Allem Angst haben. In dem Frauenhaus gab es keine Therapeuten, aber Fachleute, an die man sich wenden konnte. Ob am Tag oder in der Nacht, spielte keine Rolle. Es war immer jemand da. Ich war in verschiedenen Frauenhäusern und alle waren gleich. Jedem wurde immer geholfen.
Mein letzter Aufenthalt in einem Frauenhaus war in Hildesheim.

Ich möchte Euch gerne die Angst nehmen ins Frauenhaus zu gehen. Ich möchte Euch die Angst nehmen, Euch Hilfe zu holen. Man kann nicht immer alles alleine schaffen im Leben. Das hab ich gemerkt. Ich wollte immer alles alleine schaffen. Bis ich mir am Ende Hilfe von Fachleuten nehmen musste. Hilfe anzunehmen ist nichts schlimmes. Es ist etwas Positives. Trennt Euch von Euren gewalttätigen Ehemännern, bevor es zu spät ist.
Ich habe es geschafft, mir Hilfe zu holen. Ich bin mir sicher, Ihr werdet es auch schaffen. Manche Frauen lassen sich lieber jahrelang schlagen, anstatt sich Hilfe zu holen. Die Angst vor der Trennung ist größer als die vor den Schlägen. Ich habe gelernt, dass es für jedes Problem eine Lösung gibt. Gewalt ist niemals eine Lösung. Weder für den Mann, noch für die Frau.
Vor einigen Jahren hatte ich eine junge Frau im Frauenhaus kennengelernt. Einige Wochen später wurde sie eine gute Freundin. Sie war eine Seelenverwandte von mir. Als ich sie das erste Mal traf, hatte sie eine gebrochene Wirbelsäule. Der Mann meiner Freundin stieß sie stark die Treppe hinunter. Sie lief wie ein ferngesteuerter Roboter und konnte ohne Hilfe nichts mehr machen.
Und wisst Ihr was am Ende geschah?
Meine Freundin ging zurück zu ihrem Mann, ohne jemandem etwas zu sagen. Ich war die Letzte, die sie lebend gesehen hatte. Ihr Mann hatte sie

aus dem Leben gerissen. Er hatte sie umgebracht. Mir wurde meine beste Freundin genommen. Ich werde sie niemals wieder sehen.
Das Ganze brach mir das Herz und ich bekam Depressionen. Ich verlor meinen Job.
Und wieso?- Weil ein Mensch, der dringend Hilfe brauchte, sich keine Hilfe geholt hatte. Darum musste sie sterben.
Ich bitte alle Frauen, die häusliche Gewalt erleben, sich Hilfe zu holen. Häusliche Gewalt ist sehr gefährlich und kann das Leben kosten. Ihr könnt es auch ohne Eure Männer schaffen. Holt Euch Fachleute. Glaubt mir. Nur so habe ich es geschafft.
Durch das Frauenhaus habe ich gelernt, mir Hilfe zu holen. Es ging damals nicht mehr weiter und ich musste es tun. Ich hätte es ohne diese Hilfe niemals geschafft.
Mit diesem Buch möchte ich den Frauen Mut machen und die Angst nehmen. Kämpft gegen die Angst an. Nur so könnt ihr es schaffen.
Damals wollte ich auch immer alles alleine machen. Aber es gibt Dinge, die man nicht alleine machen kann. Man braucht Fachleute dazu. Das Frauenhaus hilft Euch sehr viel darüber nachzudenken. Nehmt Euch Zeit dafür. Das Frauenhaus trainiert mit Euch auch mit der Angst umzugehen. Im Frauenhaus ist man nie alleine. Selbst nachts gibt es Bereitschaftsdienst. Auch mit den Mitbewohnern kann man sich besprechen. Man hilft sich gegenseitig und dadurch wurde das Frauenhaus eine Ersatzfamilie für mich.
Ich fühlte mich im Frauenhaus sehr aufgenommen und geborgen. Erst dort wurde ich zu einer starken Frau. Ich habe gelernt, mich alleine und in Ruhe mit Menschen zu unterhalten.

Schlusswort

Ob Frau oder Mann, jeder ist ein Mensch. Jeder Mensch hat das Recht zu leben, wie er möchte und wo er möchte. Es ist egal, ob man Christ, Muslim oder Buddhist ist. Jeder Mensch muss seine Entscheidungen alleine treffen. So schwer wie es sich auch anhören mag. Ich hoffe, ich konnte Euch etwas die Angst nehmen. Bitte holt Euch Hilfe. Denn nur durch Hilfe könnt Ihr Eure Angst überwinden. Ich habe es geschafft und ich bin mir sicher, Ihr schafft es auch.

Eure Filomena De Luca

lebenlangdrama@hotmail.com

Wichtig

Im Frauenhaus bekommt Ihr Hilfe bei
- häuslicher Gewalt
- sexualisierter Gewalt
- Schutzambulanz
- Psychosziale Hilfe

Euch erwartet
- ein eigenverantwortliches Leben, in dem Ihr Euch und Eure Kinder eigenständig versorgt.
- es wird Euch immer eine Mitarbeiterin zur Verfügung stehen. Sie wird Eure Ansprechpartnerin während des gesamten Aufenthalts.
- mit der Ansprechpartnerin könnt Ihr über Gewalt sprechen und sie wird Euch helfen ein neues Leben aufzubauen.
- die Ansprechpartnerin wird Euch bei Finanzenfragen helfen und bei Behördengängen, bei der Wohnungssuche und beim Umzug.
- Die Ansprechpartnerin wird Euch helfen einen Therapieplatz zu finden.

In jeder Stadt in Deutschland gibt es ein Frauenhaus.
Allgemein zuständig für solche Angelegenheiten ist das

Bundesamt für Familie und zivilgesellschaftliche Aufgaben

Hotline: 08000116016
www.hilfetelefon.de

Filomena Amri